# てぶくろが いっぱい

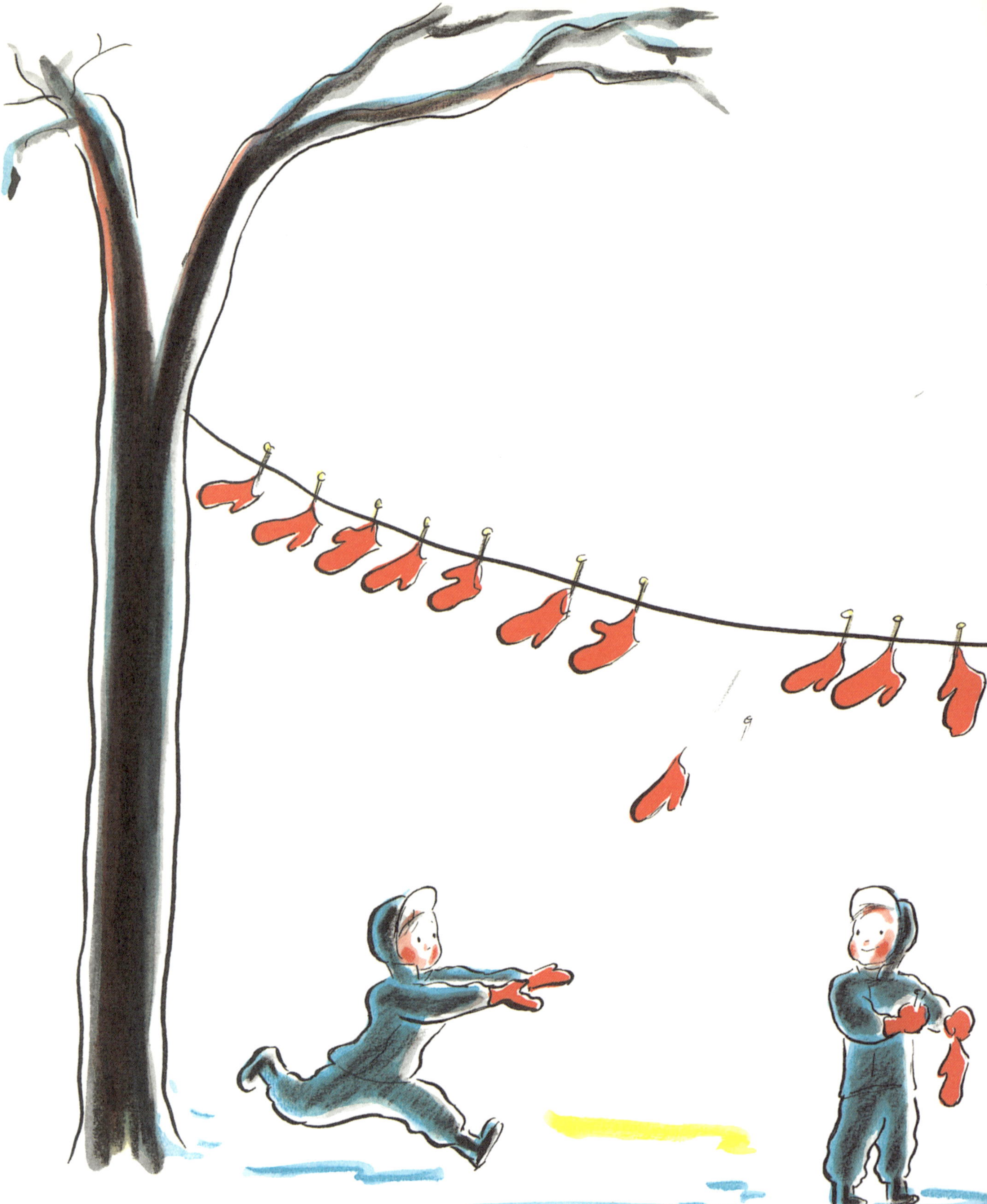

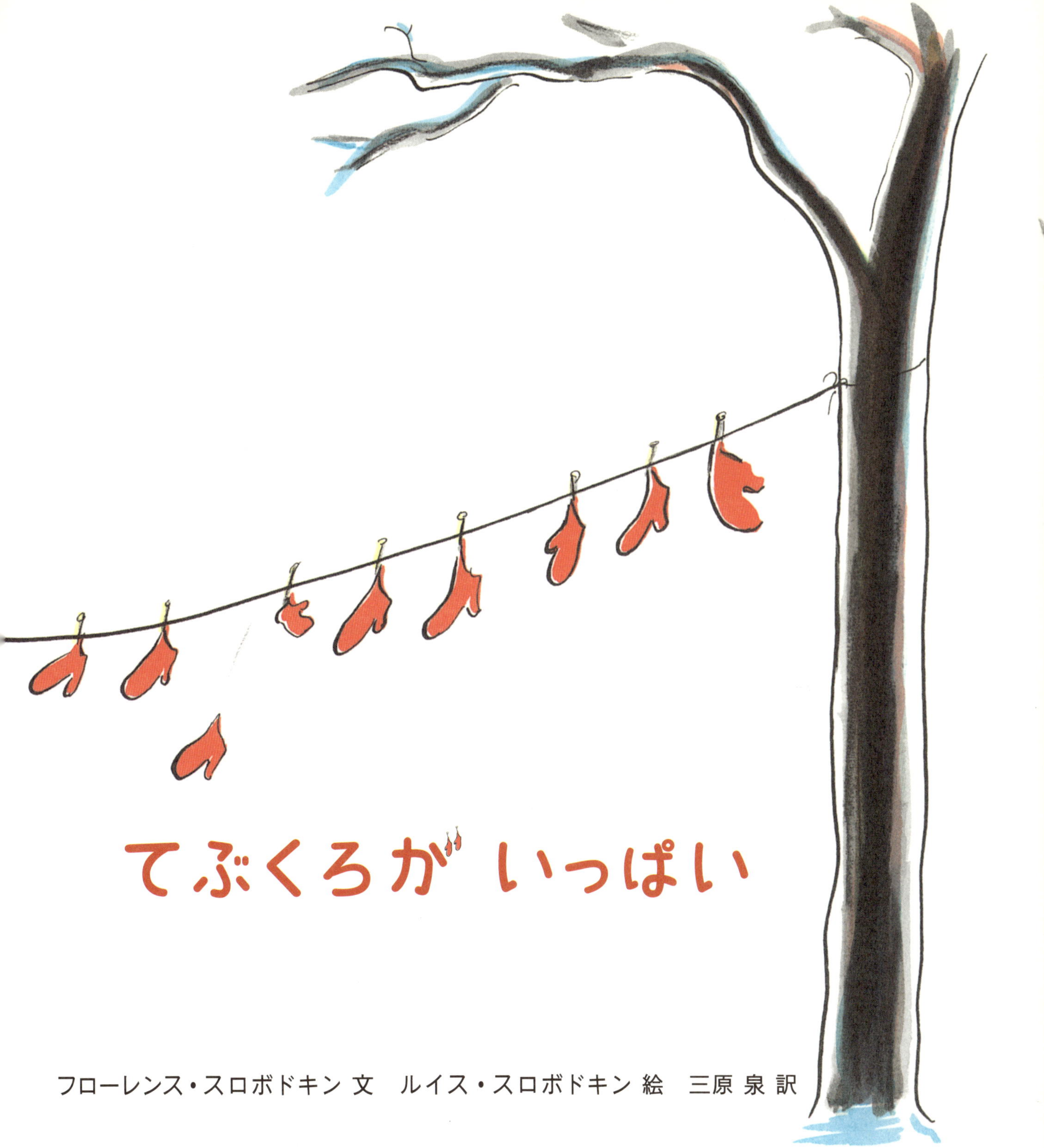

# てぶくろが いっぱい

フローレンス・スロボドキン 文　ルイス・スロボドキン 絵　三原 泉 訳

**Too Many Mittens** by Florence and Louis Slobodkin


Originally published by The Vanguard Press Inc., U.S.A.
Japanese edition published by Kaisei-sha Publishing Co., Ltd., 2008
by arrangement with Louis Slobodkin Trust
through Japan UNI Agency, Inc.,Tokyo

てぶくろが いっぱい

フローレンス・スロボドキン文　ルイス・スロボドキン絵　三原 泉訳

発　行　2008年11月1刷　2009年10月3刷

発行者　今村正樹
発行所　偕成社
　　　　東京都新宿区市谷砂土原町 3-5　〒162-8450
　　　　電話 03-3260-3221（販売部） 03-3260-3229（編集部）
　　　　http://www.kaiseisha.co.jp/
装　幀　湯浅レイ子（ar inc.）
印刷所　小宮山印刷
製本所　難波製本


NDC726 32p 27×21cm ISBN978-4-03-348090-9
Published by KAISEI-SHA. Printed in Japan.
落丁本・乱丁本はお取り替えいたします。
本のご注文は、電話・ファックスまたはEメールでお受けしています。
Tel:03-3260-3221　Fax:03-3260-3222　e-mail:sales@kaiseisha.co.jp

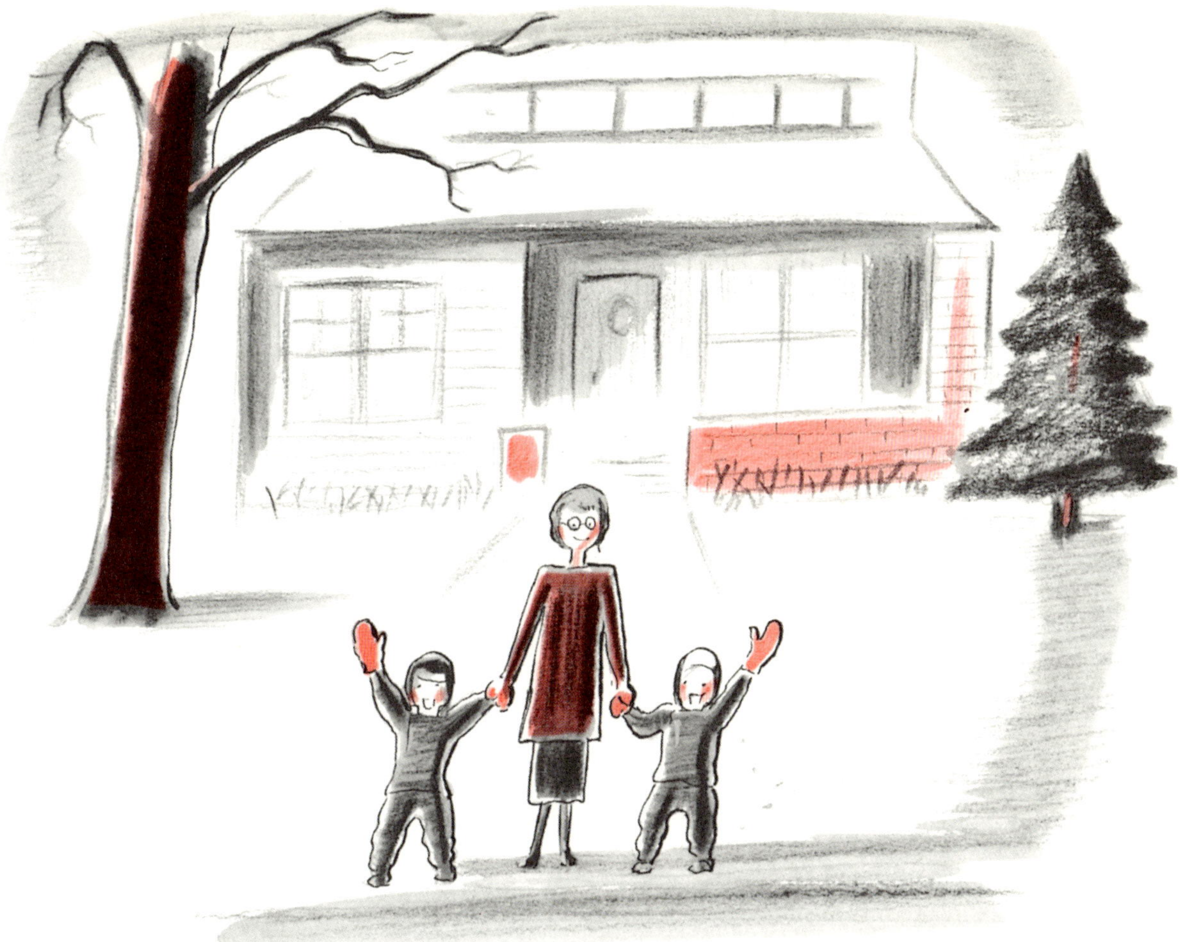

ネッドと　ドニーは　ふたごです。ふたりが　すんでいるのは
ミシガンというところで、ふゆになると　ゆきが　ふって、とても
さむくなります。

ある　ふゆのこと、おとうさんと　おかあさんが　りょこうに
でかけることになり、おばあさんが　とまりにきて　くれました。
おばあさんは　いそいそと、ふたごの　せわを　やきました。
ネッドと　ドニーが　そとに　いこうとすると、おばあさんは
いつも、いいました。
「ぼうしは　かぶった？　うわぎの　チャックは　しっかり　しめた？
てぶくろも　はめたわね？　はい、いってらっしゃい。」

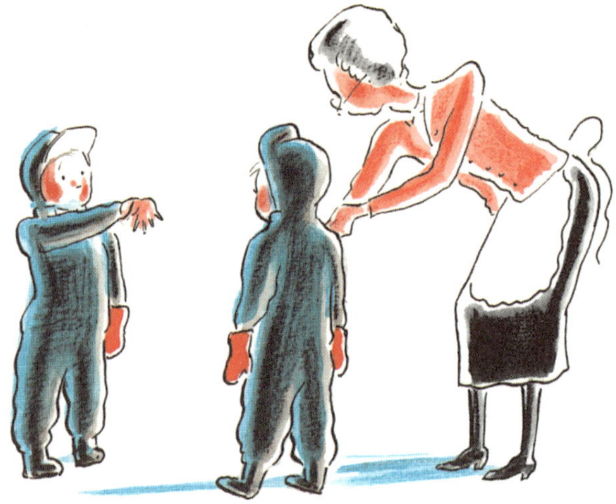

　ある日、ドニーが　てぶくろを　はめようとすると、かたほうしか　ありませんでした。

「きっと　きのう、ジェイニーの　うちの　にわに　わすれてきたんだ。」

　ドニーと　ネッドは、ジェイニーの　うちに　いって　さがしましたが、てぶくろは　みつかりませんでした。

「あとで　みつかるかもしれないわ。」ジェイニーの　おかあさんが　いいました。「みつけたら　とどけに　いきますからね。」

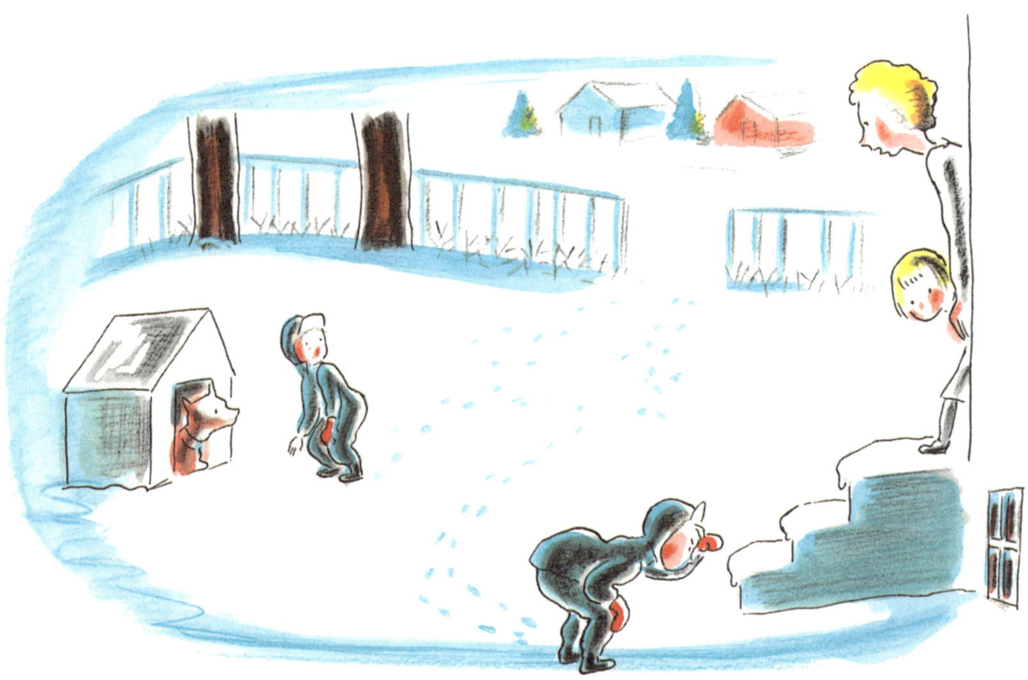

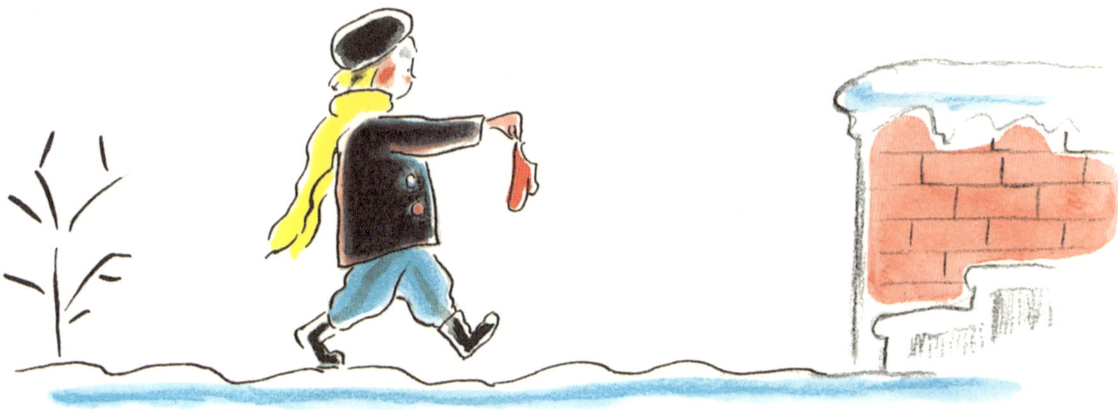

　そして、てぶくろは　ちゃんと　みつかったのです！　2じかんくらい
たったころ、ジェイニーが　とどけにきて　くれました。
「よかったこと。」
　おばあさんは　いいました。
「もう なくさないように、うわぎに　スナップで　とめておきましょう。」

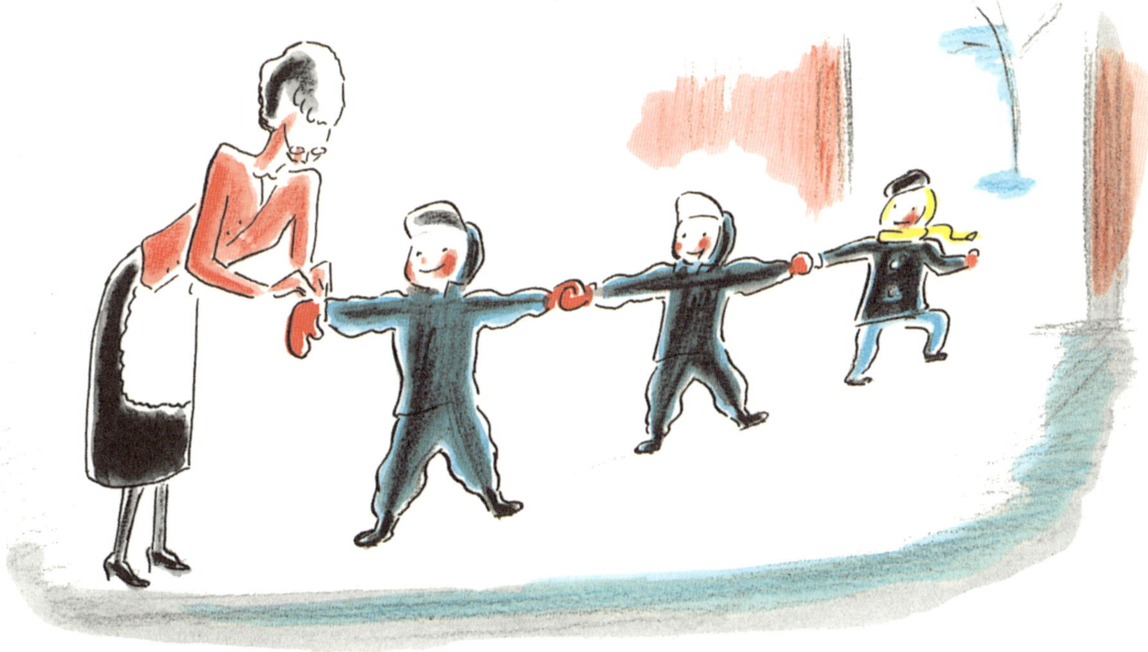

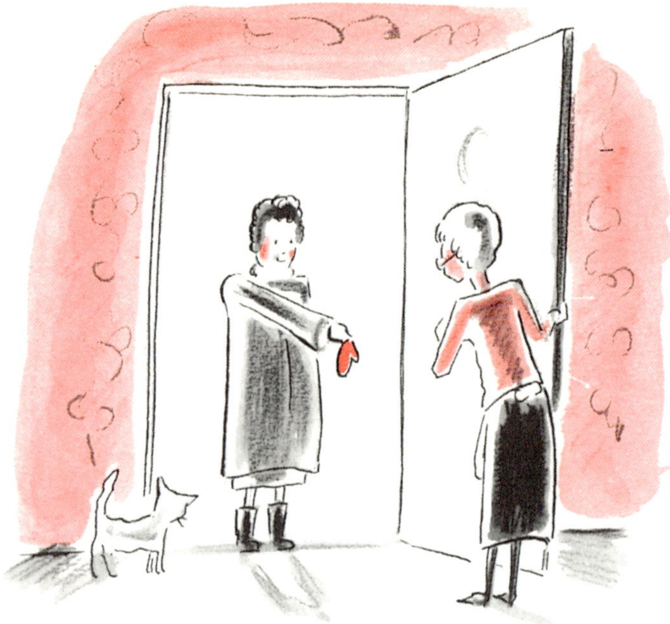

つぎの日、おとなりの　ブラウンさんが　たずねてきました。
「ふたごちゃんが、あかい　てぶくろを　さがしてるって
きいたもので。」ブラウンさんは　てぶくろを　さしだしました。
「これ、ちがうかしら？」
「さがしものは　きのう　みつかったんですよ。」
　おばあさんは　いいました。
「でも、これも　あの子たちのに　そっくりだわ。きっと、まえに
なくした　てぶくろなんでしょう。ありがとう、ブラウンさん。」
　おばあさんは　てぶくろを　ひきだしに　しまいました。

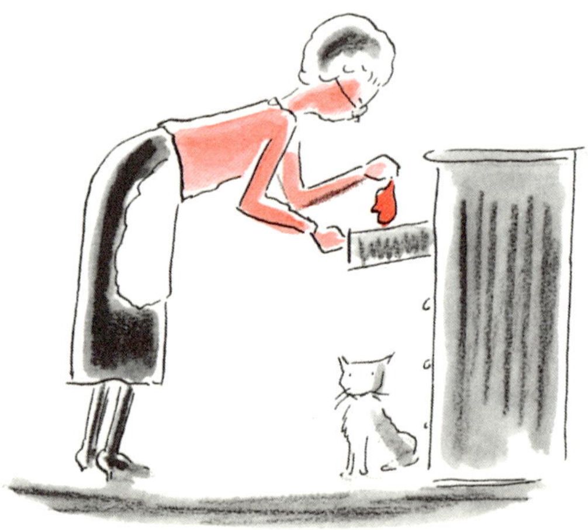

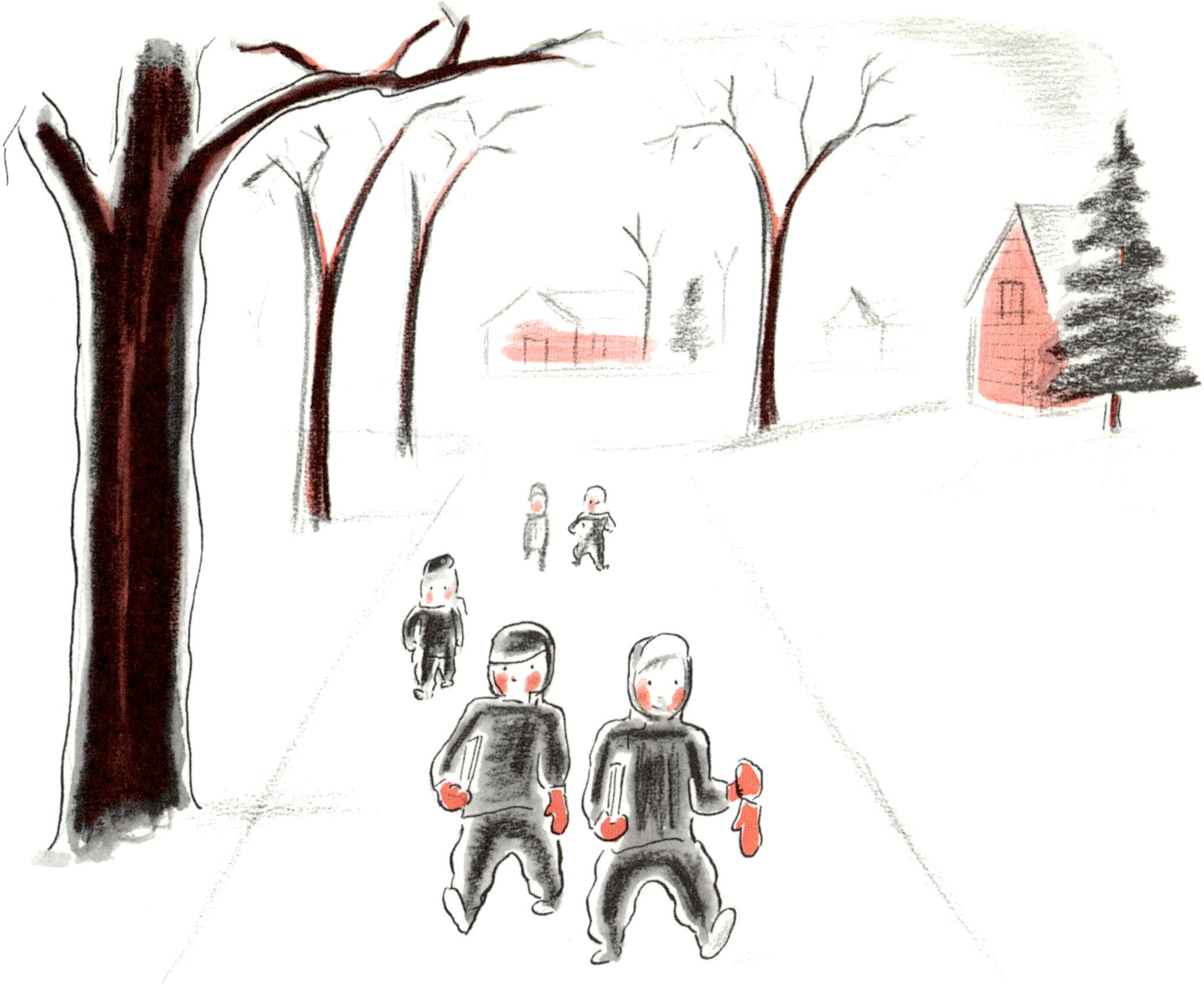

その日の　ごご、がっこうから　かえってきた　ネッドは、
てぶくろを　みっつ　もっていました。りょうてに　はめている
てぶくろの　ほかに、もうひとつ　ぶらさげていたのです。
「せんせいが　わたしてくれたの。ドニーか　ぼくのだろうって。」
ネッドは　おばあさんに　いいました。
「ふーむ。たしかに　あなたたちの　てぶくろと　そっくりね。」
おばあさんは、この　てぶくろも　ひきだしに　しまいました。

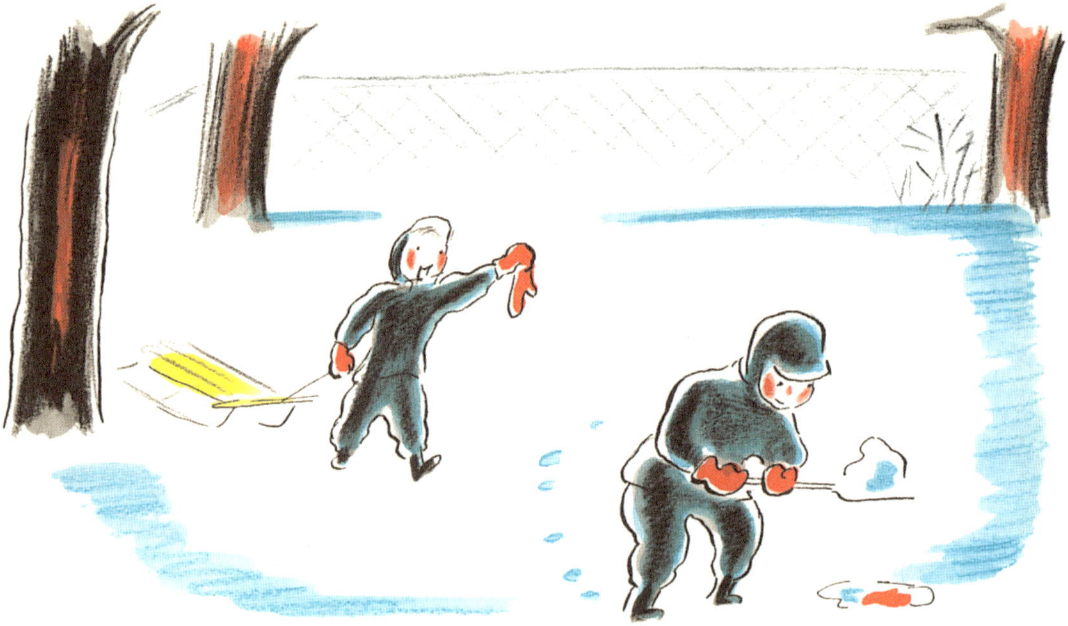

2、3日たって、うらにわで　あそんでいたとき、ネッドとドニーは　あかい　てぶくろを　ひとつずつ　みつけました。

ひろった　てぶくろを　もって　もどってきた　ふたりに、おばあさんは　ききました。「それも、あなたたちの？」

「わかんない。」ドニーは　いいました。

「でも、2しゅうかんくらい　まえにも、ぼくたち、てぶくろを　なくしたの。これかも　しれない。」

それで、おばあさんは　ふたつの　てぶくろを　ひきだしにしまいました。

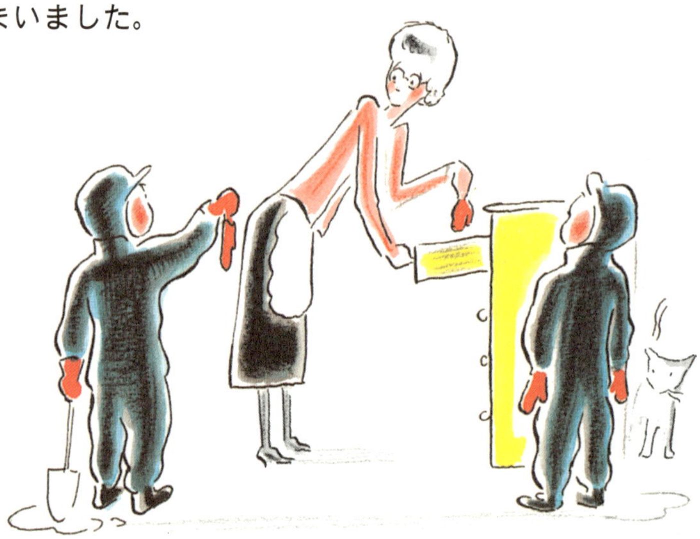

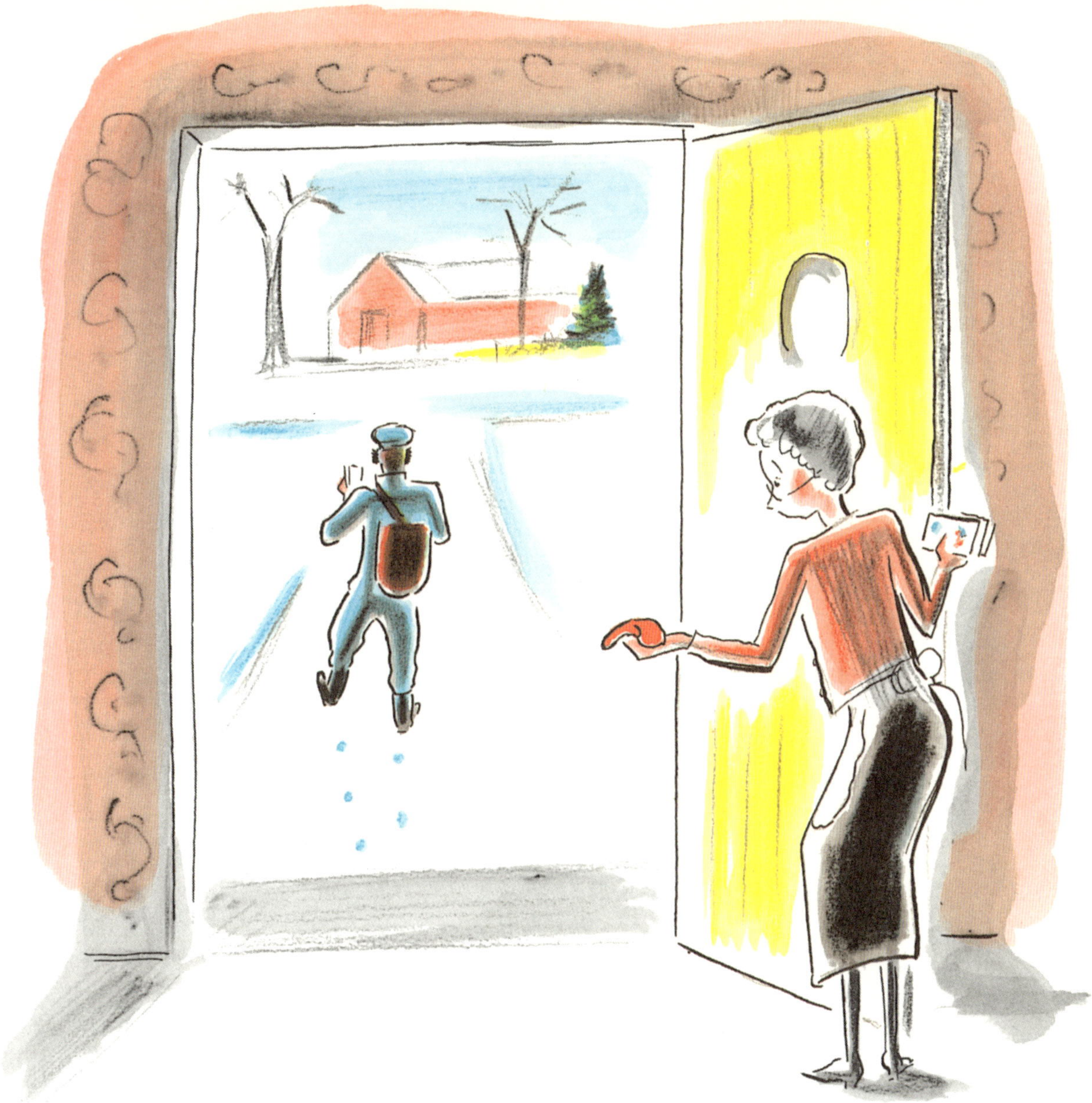

　ゆうびんやさんが　てがみの　はいたつに　きました。
りょこうちゅうの　おとうさん、おかあさんからの　えはがきを
とどけてくれたのです。
　それから、あかい　てぶくろを　ひとつ　とりだして、いいました。
「ニレノキどおりで　ひろったんですよ。おたくの　ぼっちゃんのだろうって、
おしえてくれた　ひとが　いましてね。」
　おばあさんは　ちょっと　ふしぎそうに　てぶくろを　みつめました。
「まあまあ……。ごしんせつに　ありがとうございます。」

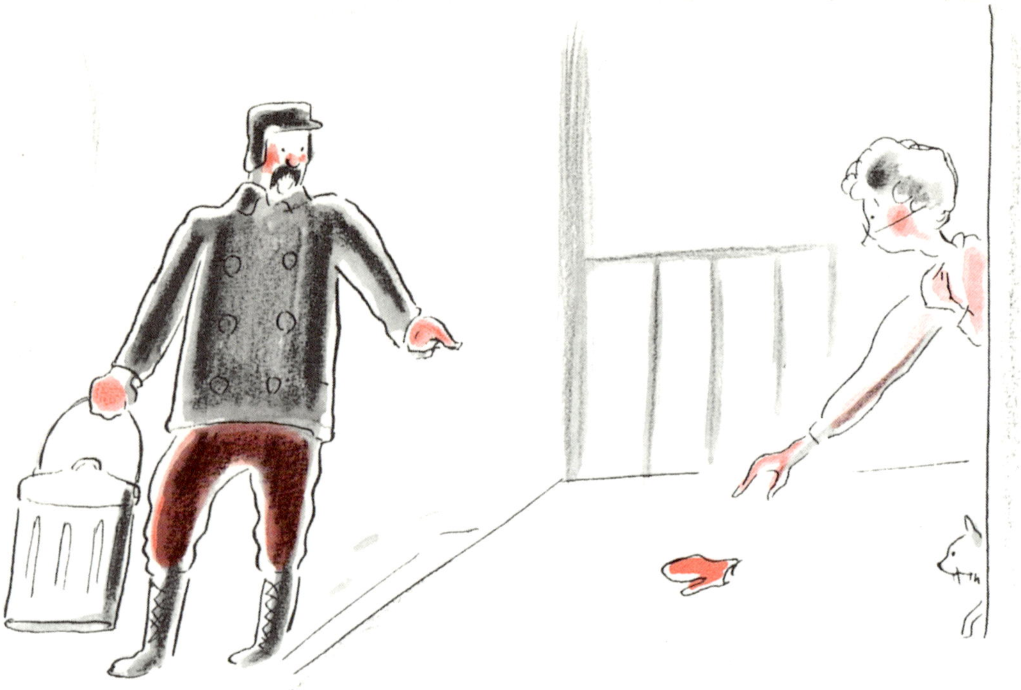

　つぎの　あさ　はやく、ごみあつめの　トムさんが、
あかい　てぶくろを　ひとつ　もってきました。
「これ、おたくの　ぼうやのじゃないかい？」
「ありがとう、トムさん。」と　おばあさん。

　そのあと、ぎゅうにゅうやさんも　あかい　てぶくろを
ふたつ、とどけてくれました。

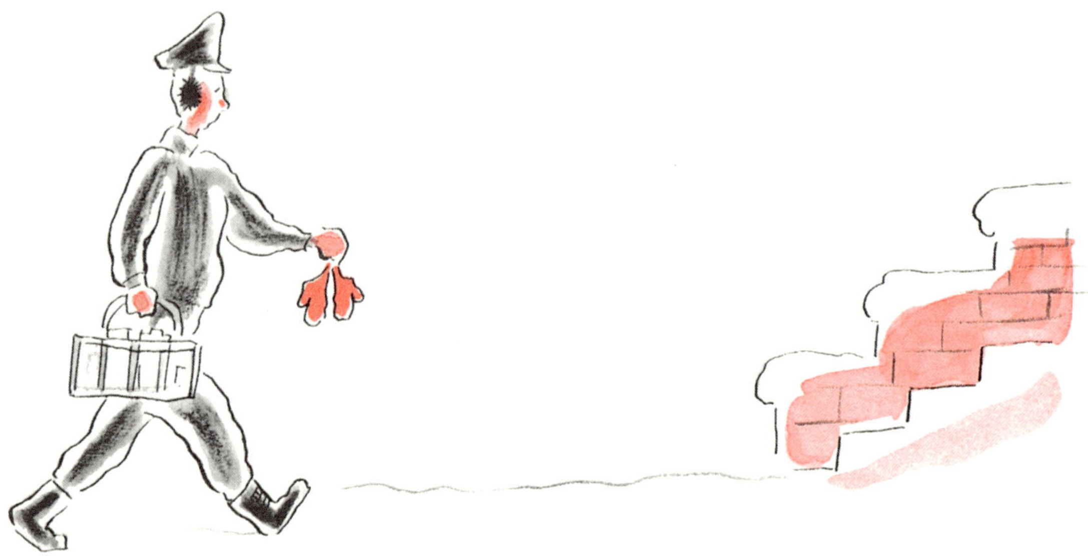

　ごご、おばあさんは　ふたごを　つれて、かいものに　いきました。
すると、おみせの　ごしゅじんが　にこにこしながら、あかい　てぶくろを
さしだしました。
「やあ、きたね。まってたよ。これ、きみたちの　てぶくろだろう？
せんしゅう、みせに　おちてたんだよ。」

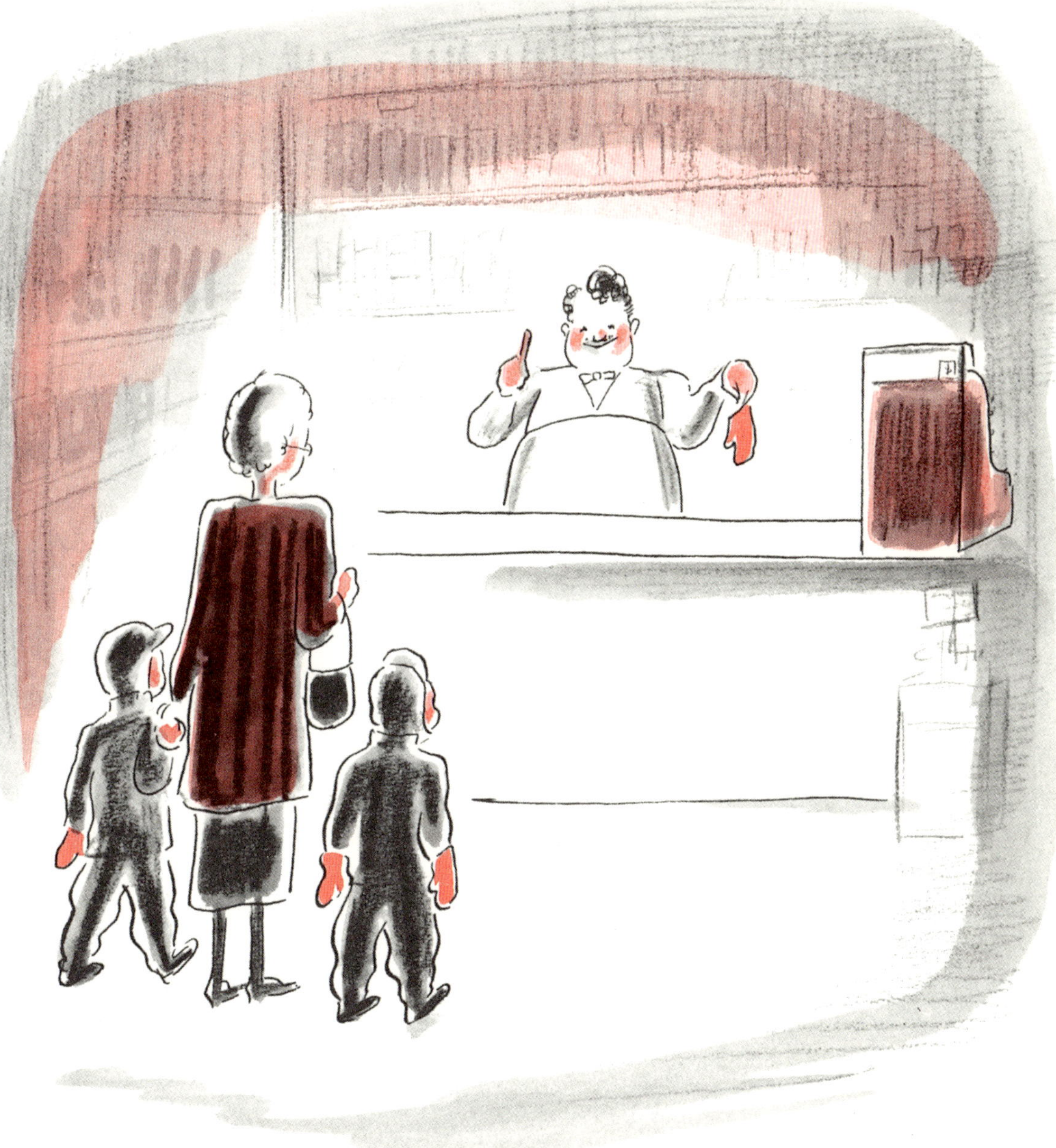

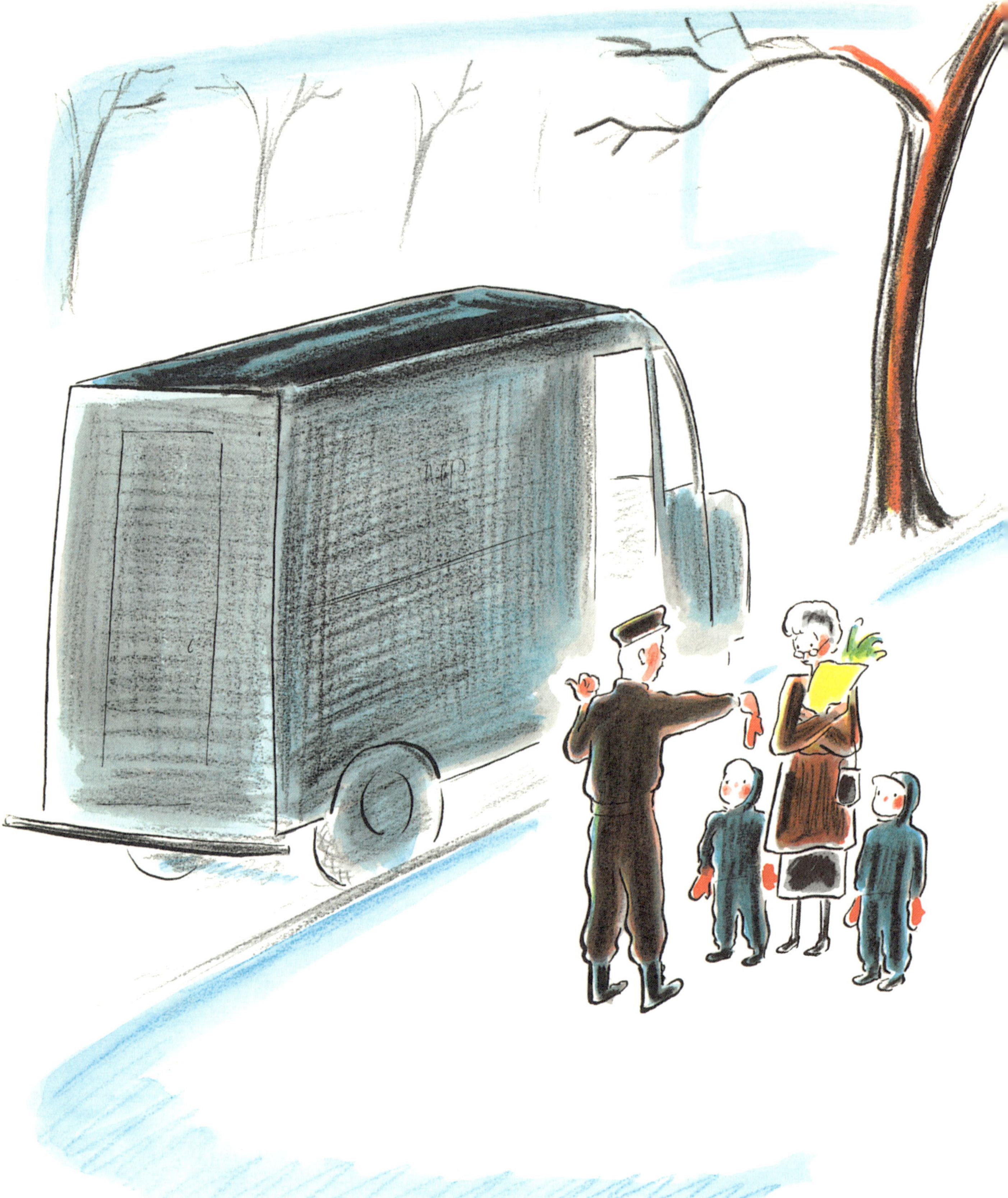

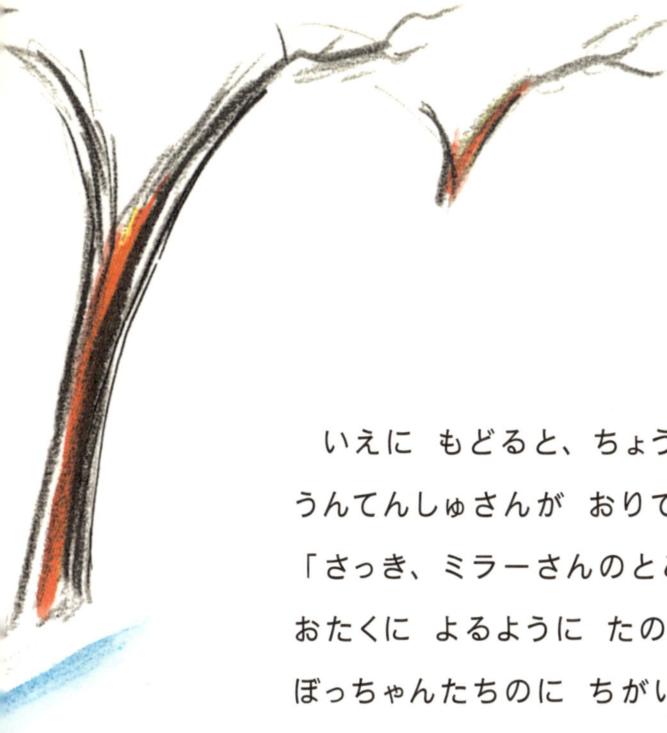

　いえに　もどると、ちょうど　おおきな　トラックが　とまって、うんてんしゅさんが　おりてくるところでした。

「さっき、ミラーさんのところへ　にもつを　とどけたら、おたくに　よるように　たのまれましてね。この　あかい てぶくろ、ぼっちゃんたちのに　ちがいないからって。」

　おばあさんは、この　てぶくろも　ひきだしに　しまいました。

　しばらくして、ネッドと　ドニーは　ひきだしから　あかい　てぶくろを　みんな　だして、かぞえてみました。

「1、2、3 …… 4、5、6、7 …… 8、9、10！」

なんと、あかい　てぶくろは　10こも　あったのです！

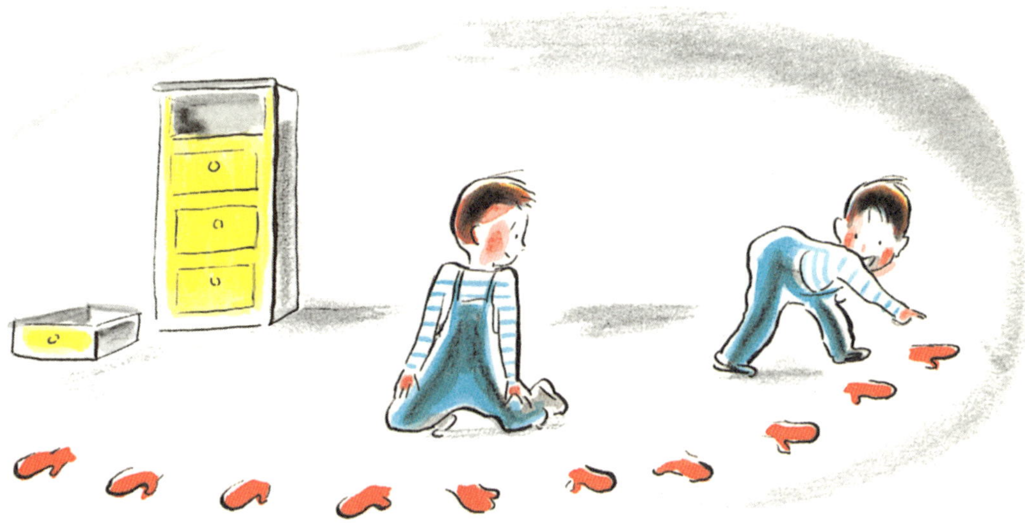

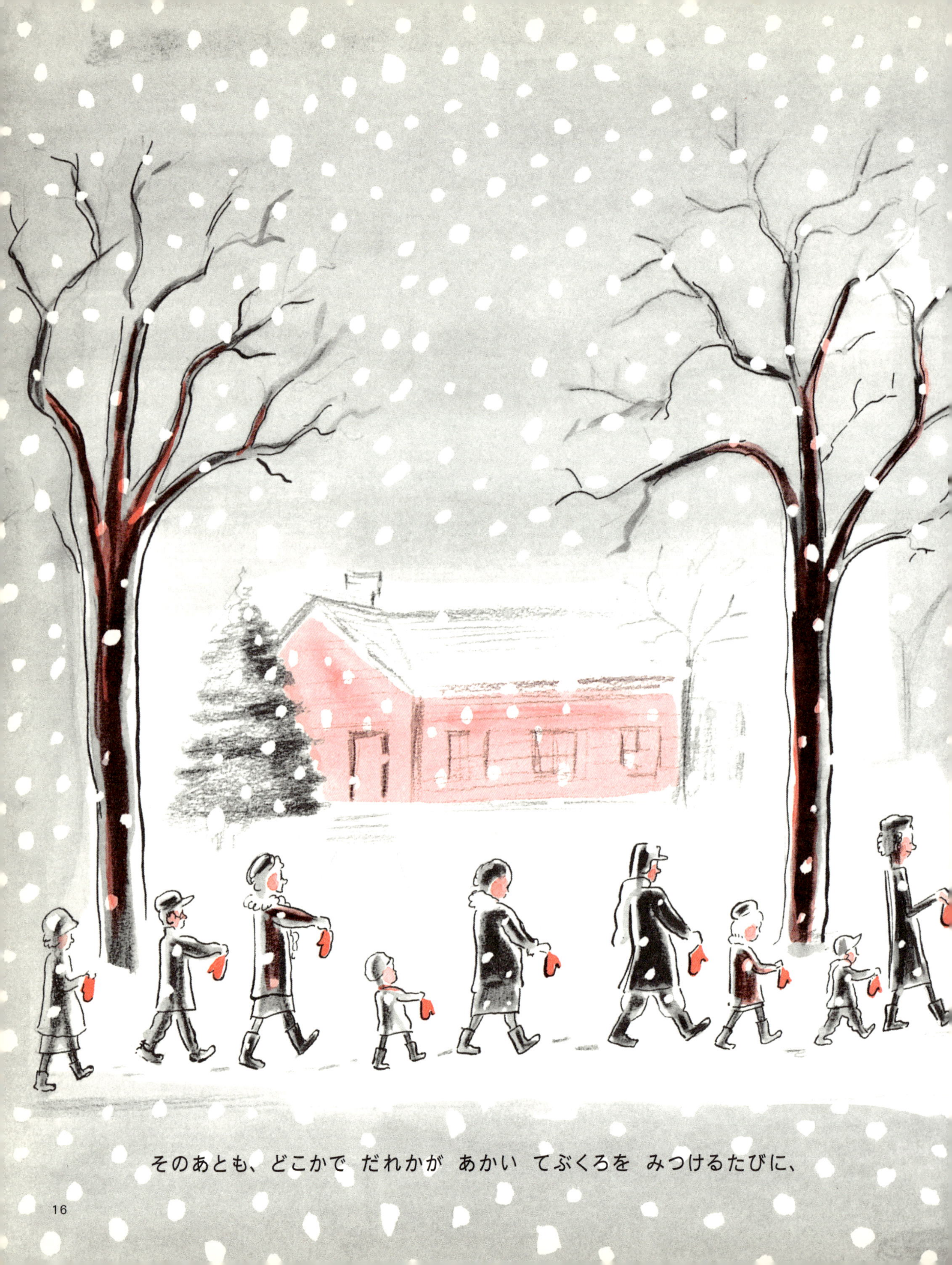

そのあとも、どこかで　だれかが　あかい　てぶくろを　みつけるたびに、

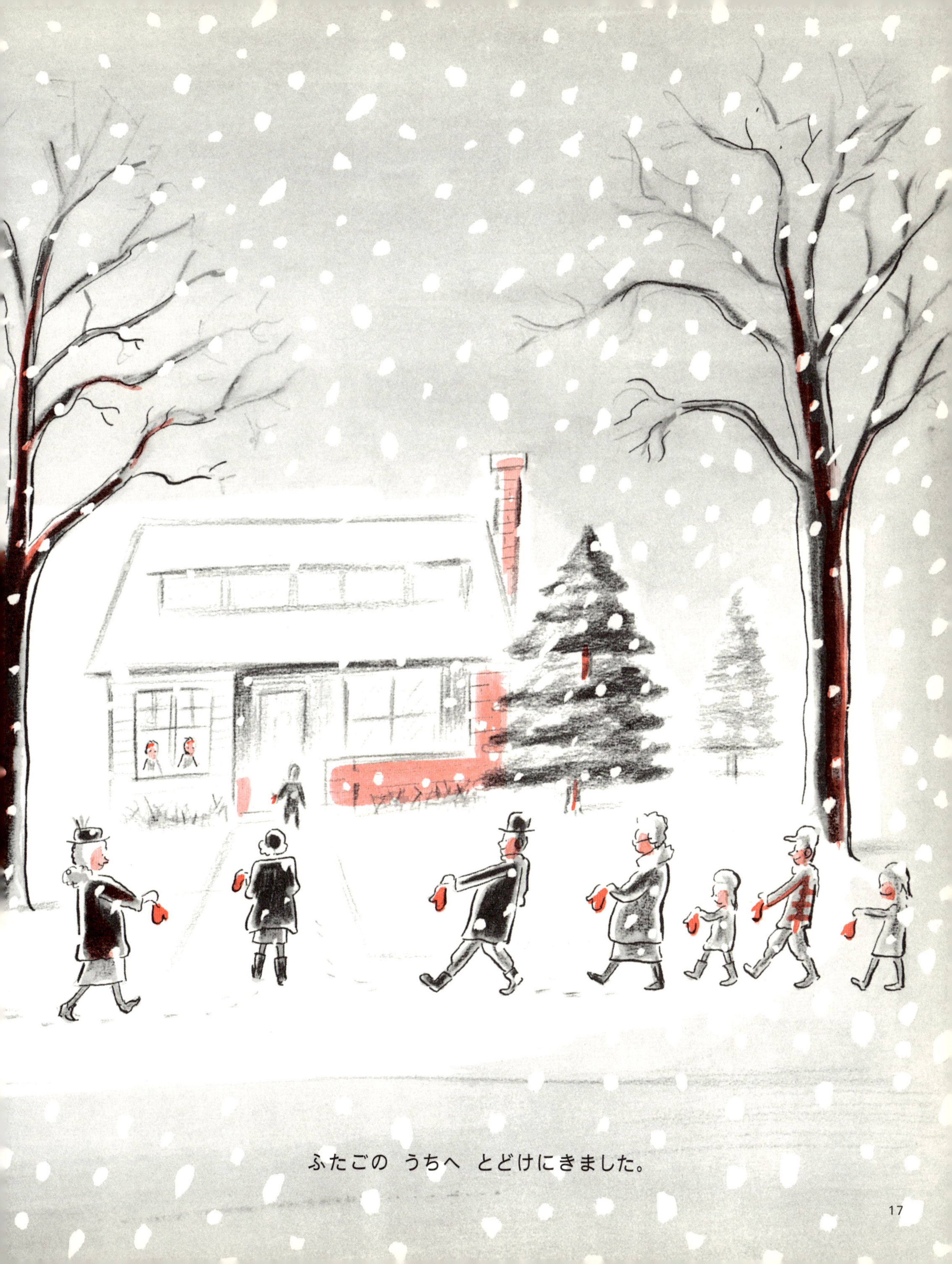

ふたごの　うちへ　とどけにきました。

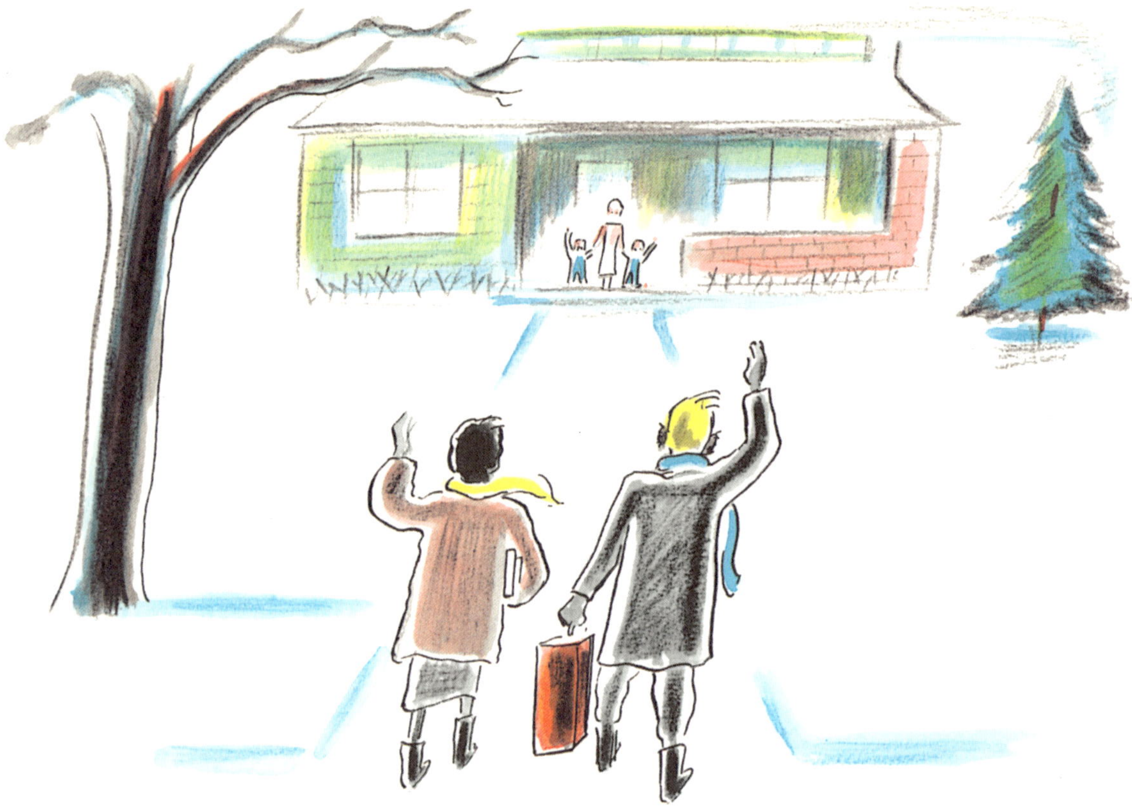

なん日か して、おとうさんと おかあさんが りょこうから
かえってきました。るすばんの みんなに おみやげが ありました。
おばあさんには きれいな スカーフ。ねこには おしゃれな くびわ。
そして、ネッドと ドニーへの おみやげは……ふたりとも……

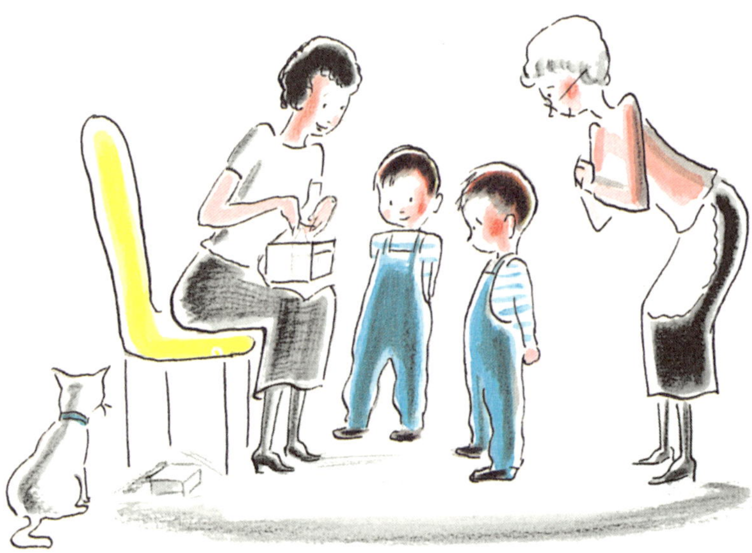

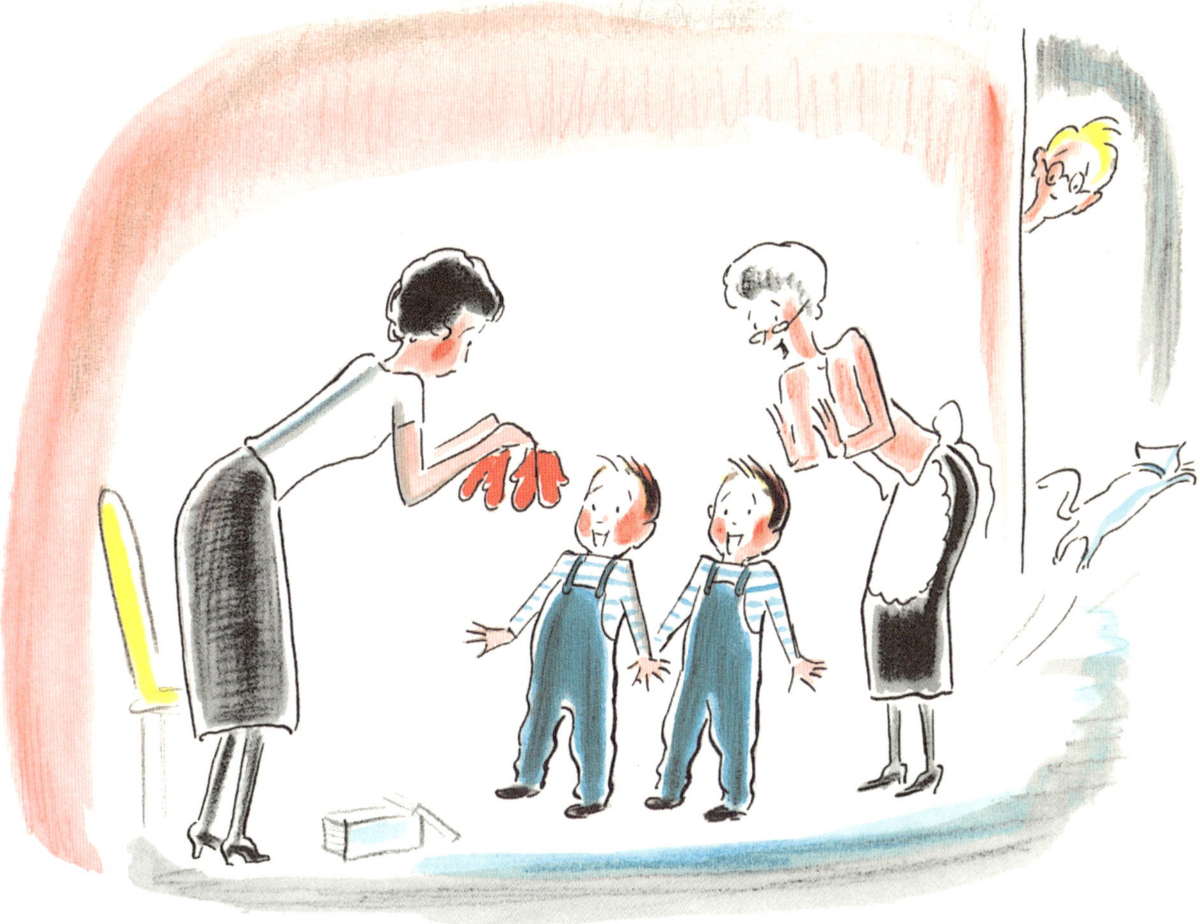

あかい　てぶくろでした！

「てぶくろ！」おばあさんが　さけびました。

「てぶくろ！」ふたごも　さけびました。

「あら、どうかした？」と　おかあさん。

「いえね……この子たち、てぶくろは　どっさり　もっているから。」

　おばあさんが　いうと、おかあさんは　くびを　ふりました。

「ネッドも　ドニーも　ひとくみずつしか　もっていないはずよ。

それも、そろそろ　くたびれかけてるのをね。」

「ひとくみずつ？」おばあさんと　ふたごは　わらいだしました。

「ちょっと　こっちに　いらっしゃいな。」と　おばあさん。

　おばあさんは　おかあさんを、あの　ひきだしのところに
つれていきました。
　ひきだしを　あけると、なかには　あかい　てぶくろが　ぎっしり！
「いつも　つかっている　てぶくろの　ほかに、ほら、こんなに　あるのよ。」
「まあ！」
　おかあさんは　びっくりしました。
「でも、どうして？」

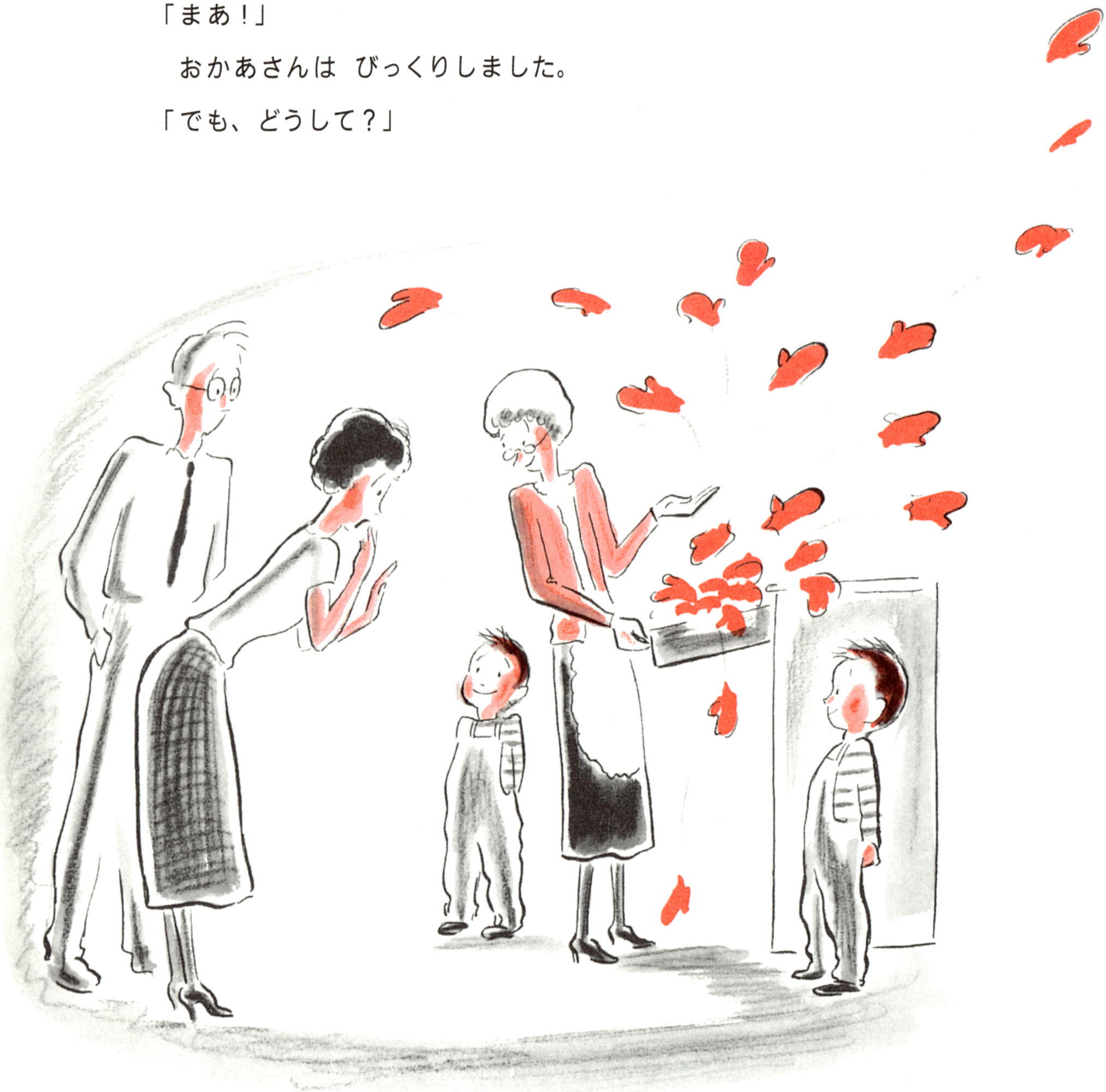

「この子たちが　あかい　てぶくろを　なくしたという　うわさが
ひろまったようでね。」おばあさんは　せつめいしました。
「あかい　てぶくろを　みつけた　ひとが　みんな、うちのだと
おもって、とどけにきて　くれたの。」
「まあ、どうしましょう。」おかあさんは　いいました。
「てぶくろを　なくした子たちは　こまってるでしょうね。
でも、どれが　だれのか　わからないし。どうしたら　ほんとうの
もちぬしに　かえしてあげられるかしら。」

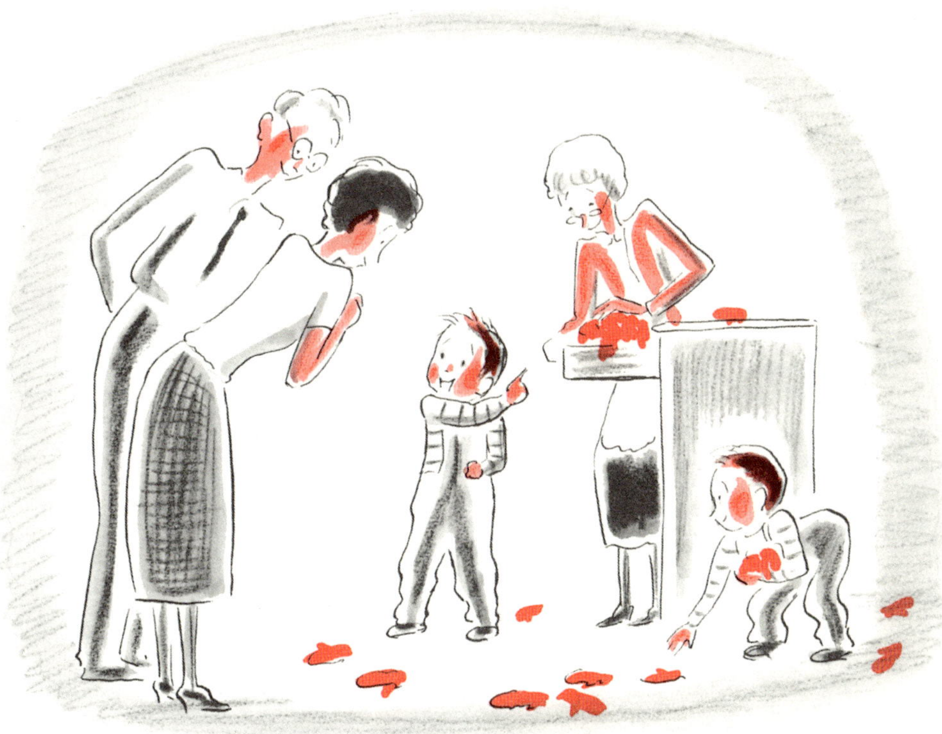

「あ、そうだ！」ネッドが　いいました。
「にわに　つるしたら　どうかな？　それで、あかい　てぶくろを
なくした　ひとは、うちの　にわを　さがしてくださいって、
はりがみを　だすの。」

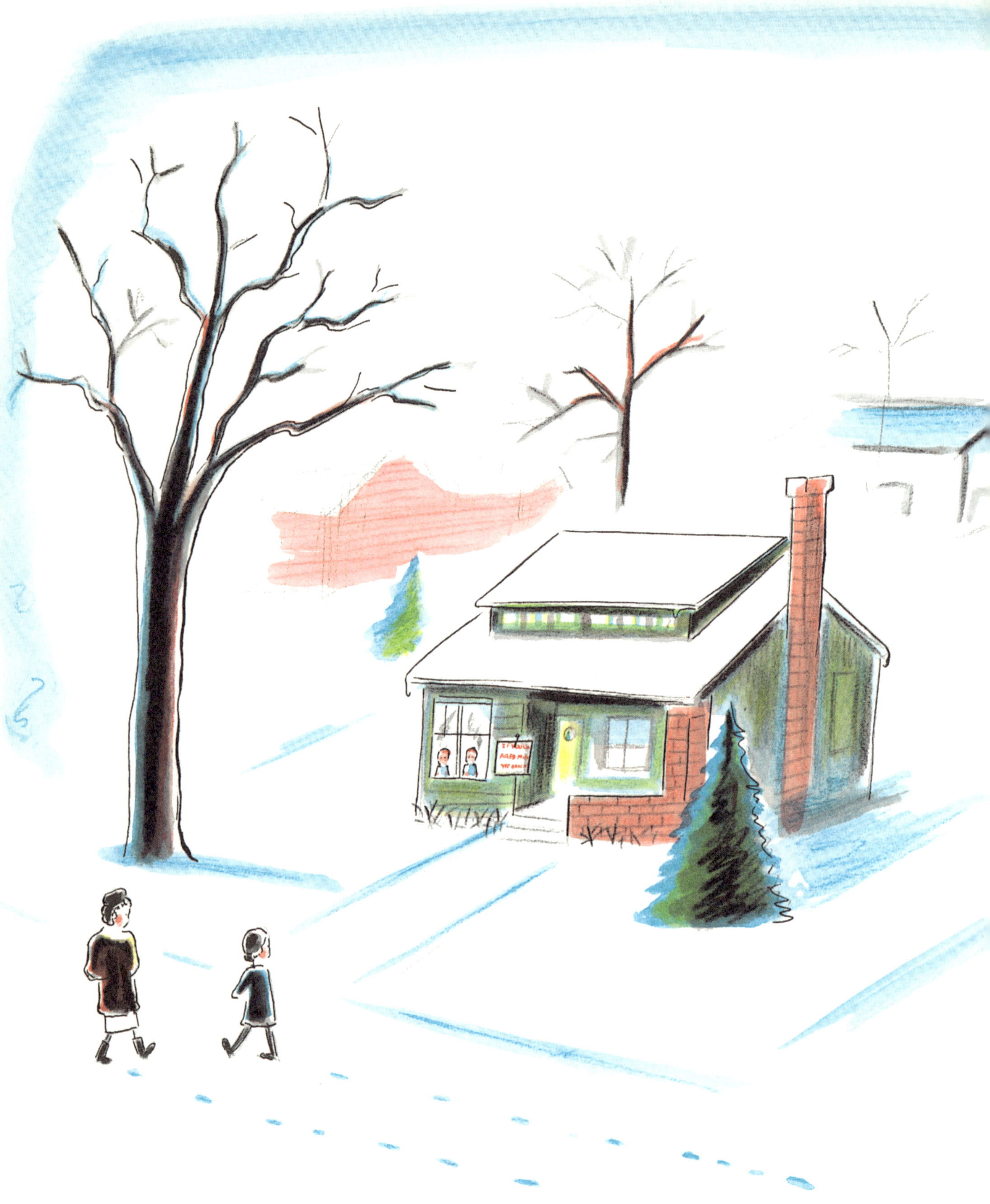

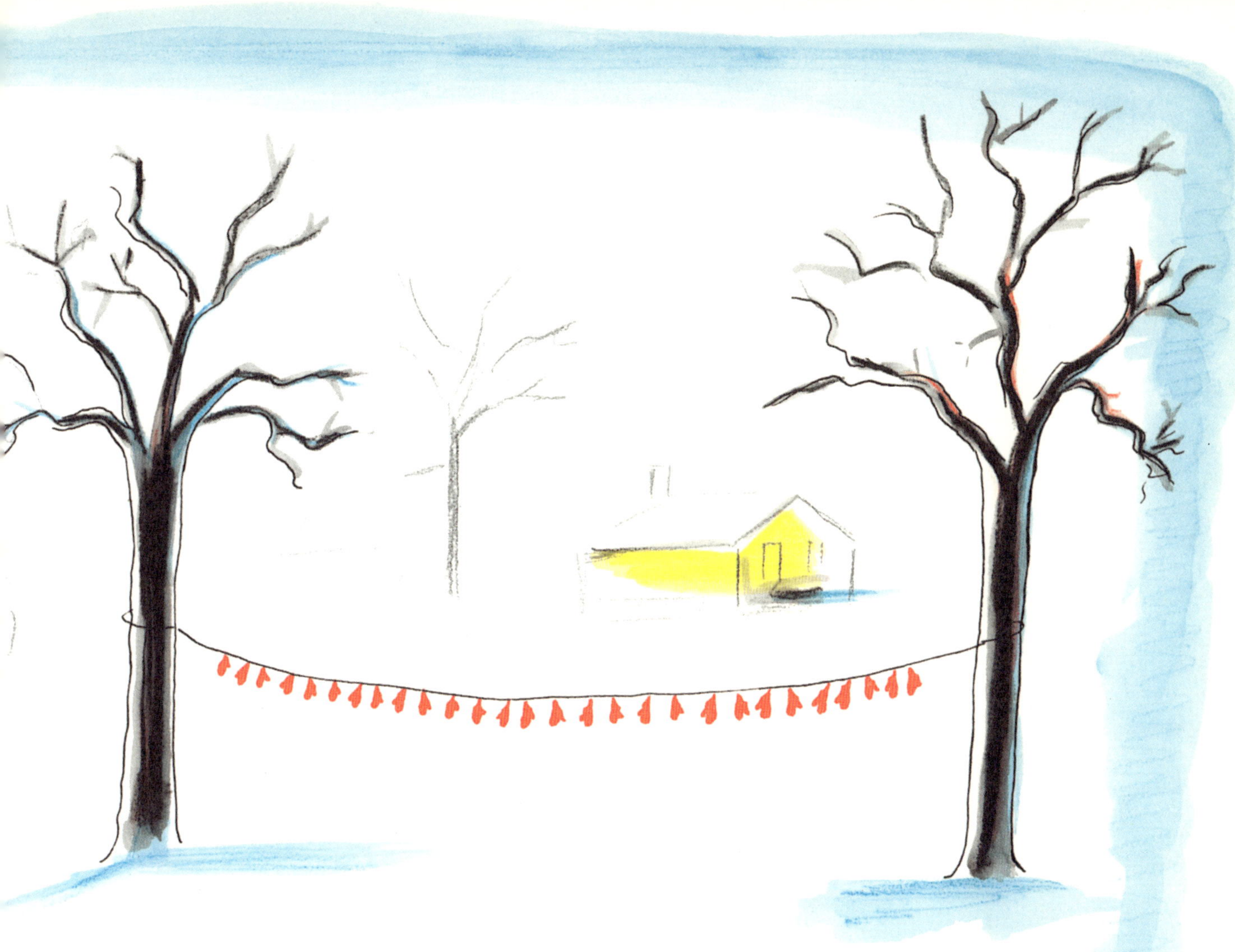

それは いい、と みんなは おもいました。
そこで、うらにわに ものほしロープを はって てぶくろを つるし、
いえの そとには、めだつように はりがみを だしました。

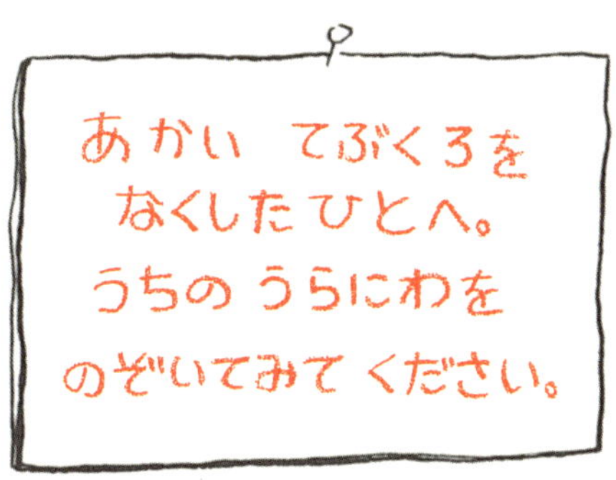

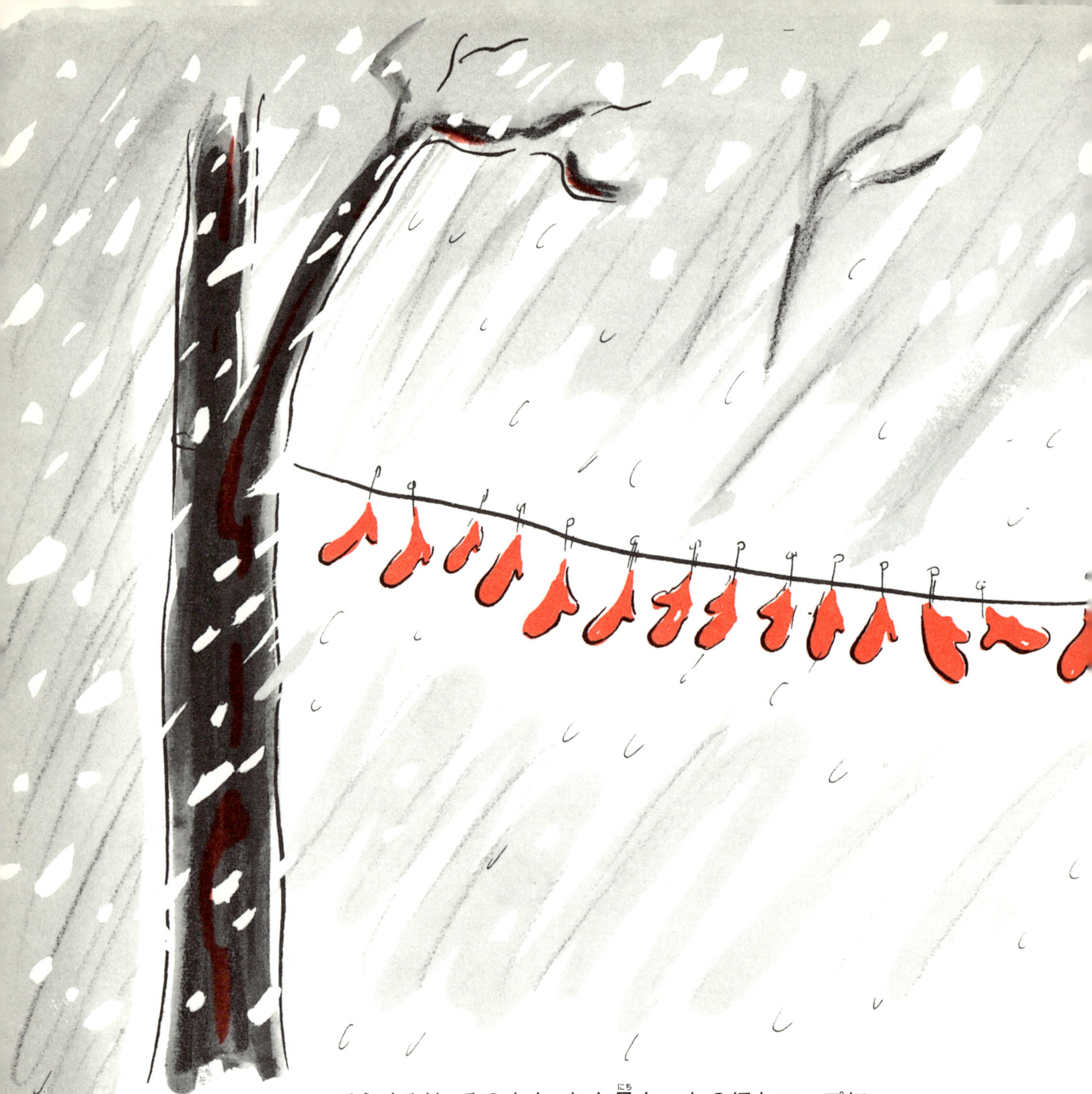

てぶくろは　そのまま　なん日か、ものほしロープに
ぶらさがっていました。

あめが　ふり、ゆきが　ふり、てぶくろは　こおって、また
とけました。さむさにも　まけずに、てぶくろは　たのしそうに
ゆれていました。

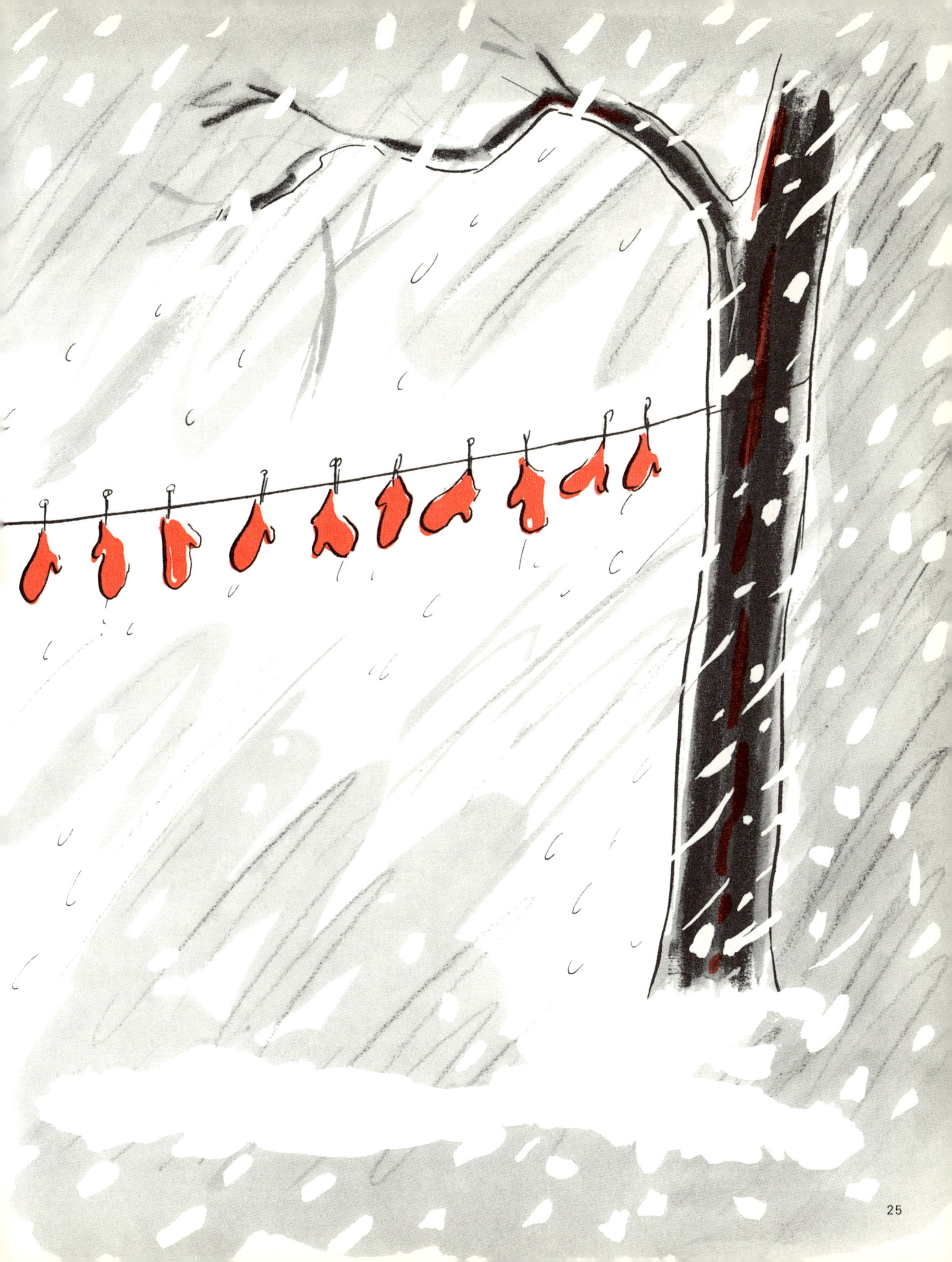

まもなく、ふたごの　いえの　うらにわに　おとしものの
てぶくろが　あるという　うわさが、ひろまりはじめました。

さいしょの　おきゃくさんが　やってきました。
「この子が　あかい　てぶくろを　なくしたんですの。」
おとこの子を　つれた　おかあさんが　いいました。
「おたくの　ものほしロープに　さがっている　てぶくろを、
みせていただいても　よろしいかしら。」

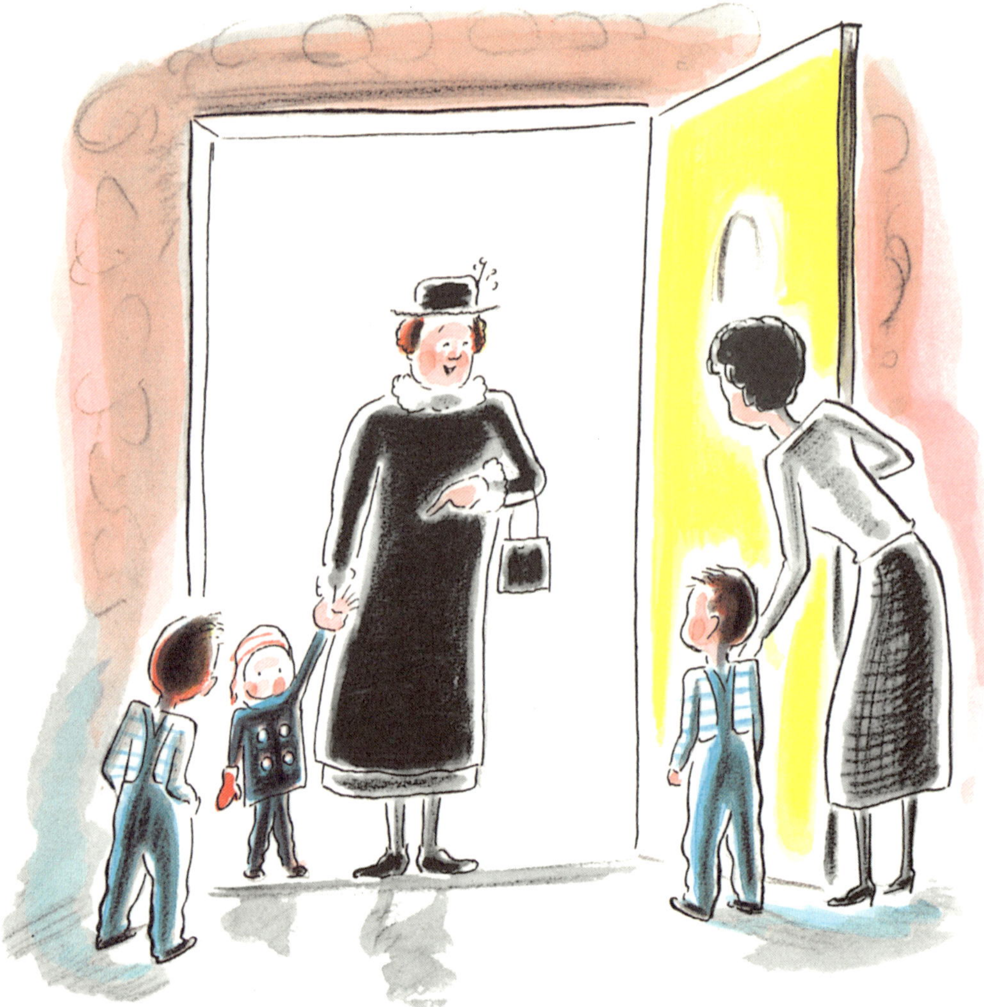

つぎに、おんなの子が　やってきました。
「あかい　てぶくろ、かたっぽ　なくしちゃったの。
おにわの　てぶくろ、みせてくださいな。」

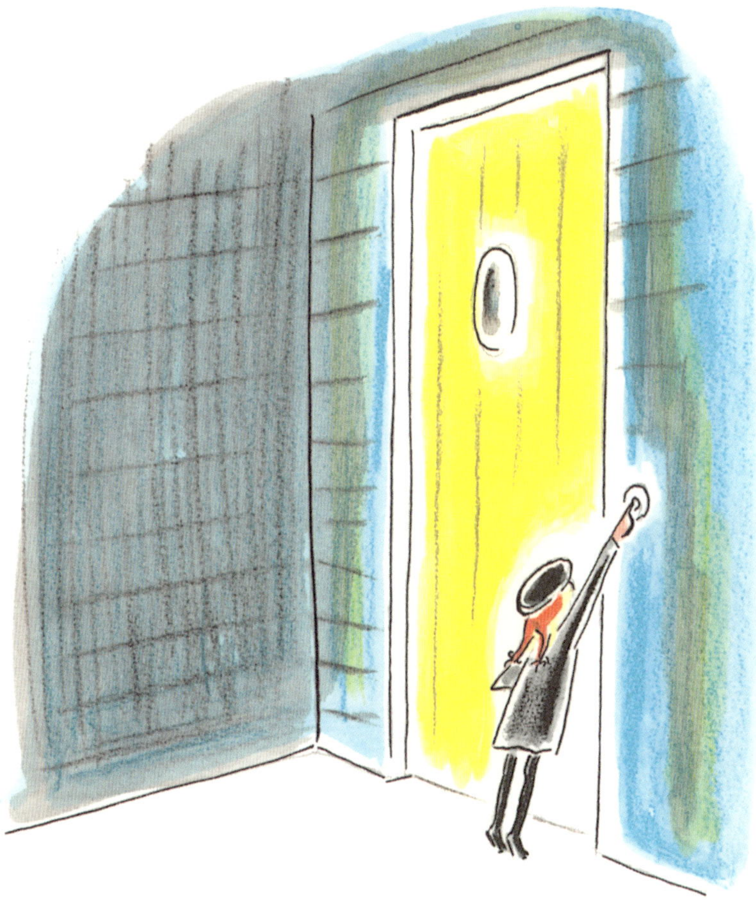

やがて、つぎつぎに　子どもたちや　おかあさん、おとうさんが、
なくした　てぶくろを　さがしに　やってきました。

こうして　なんしゅうかんか　すぎると、

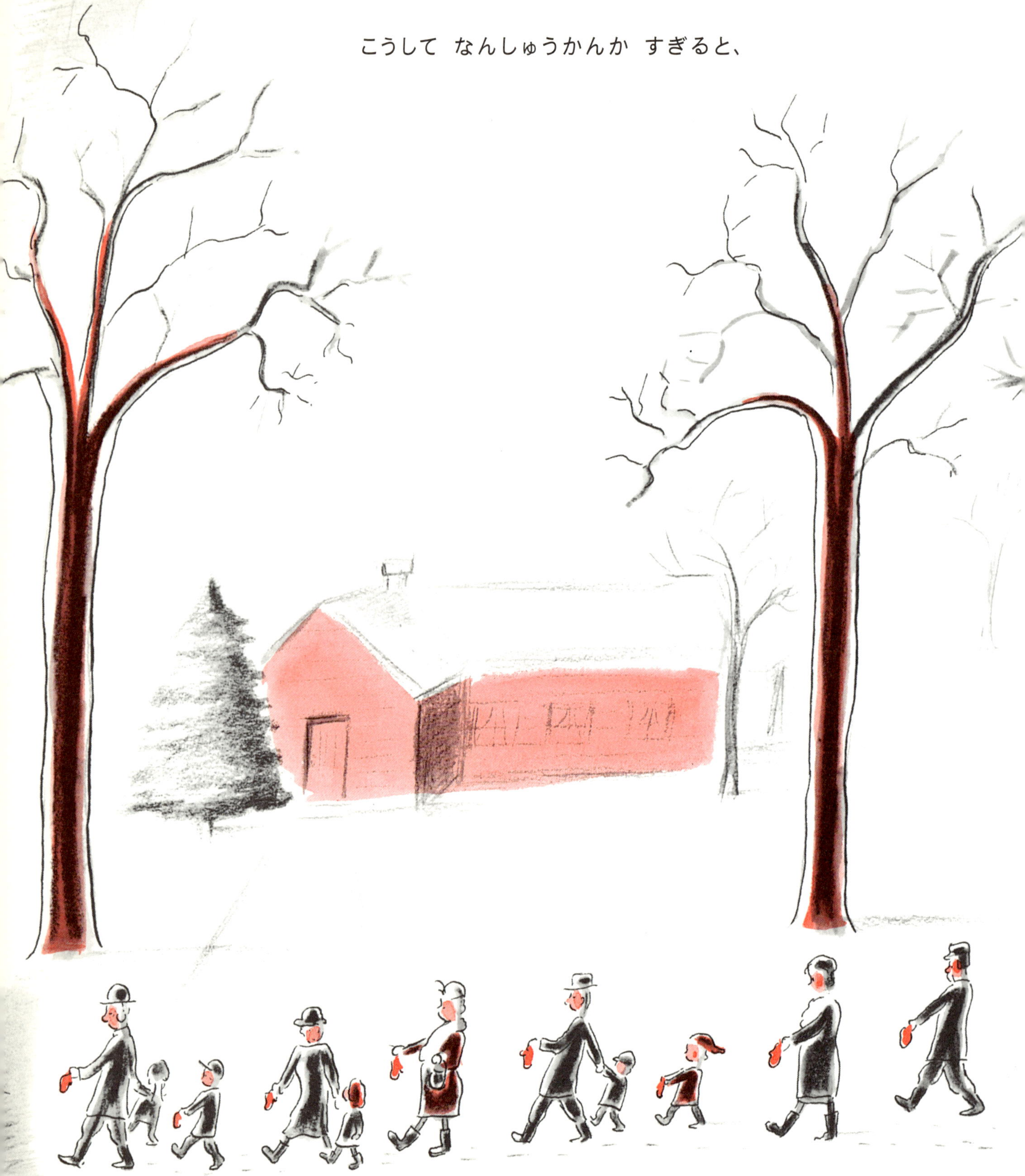

ものほしロープに さがっている てぶくろは、ひとつだけに なりました。

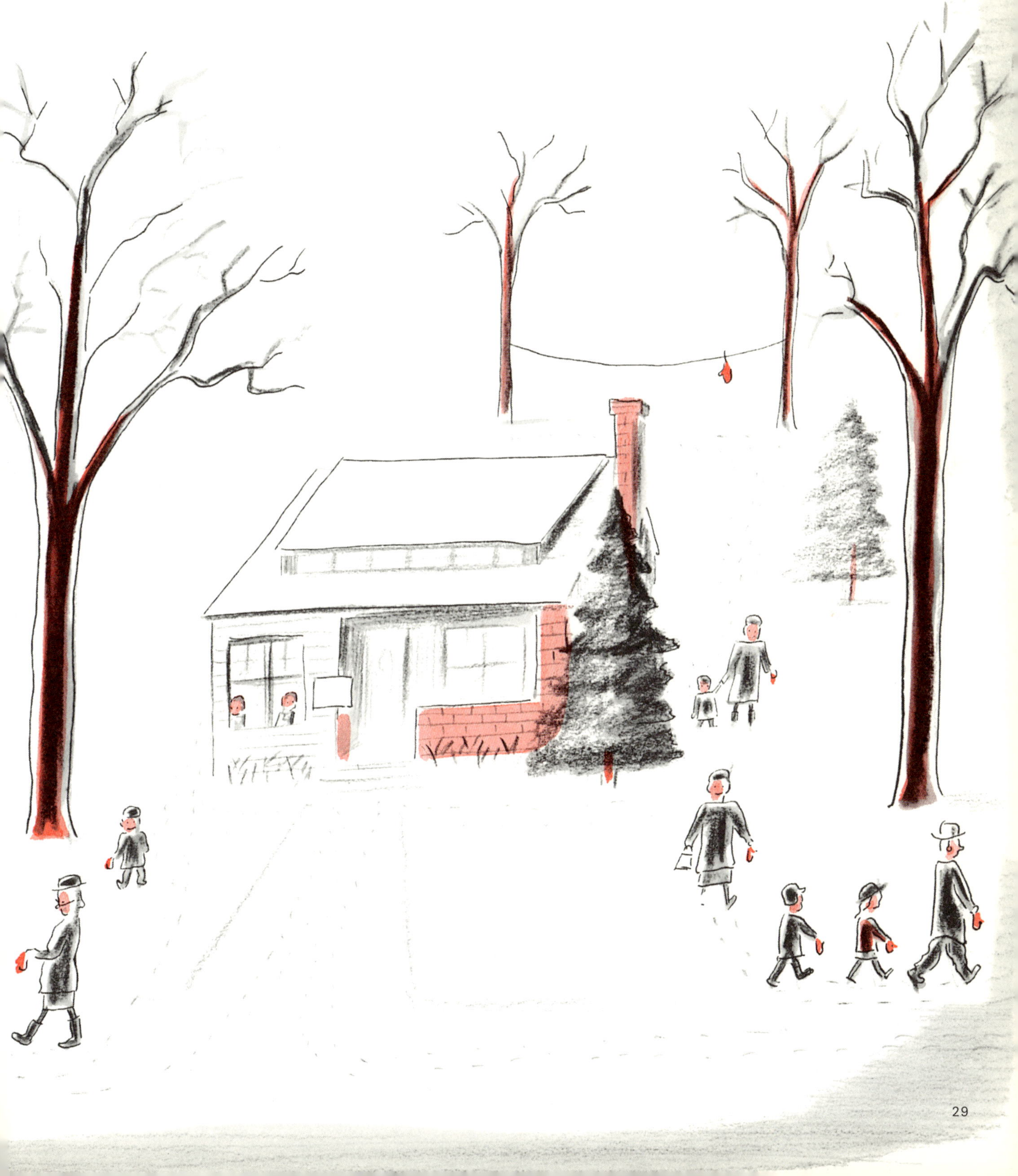

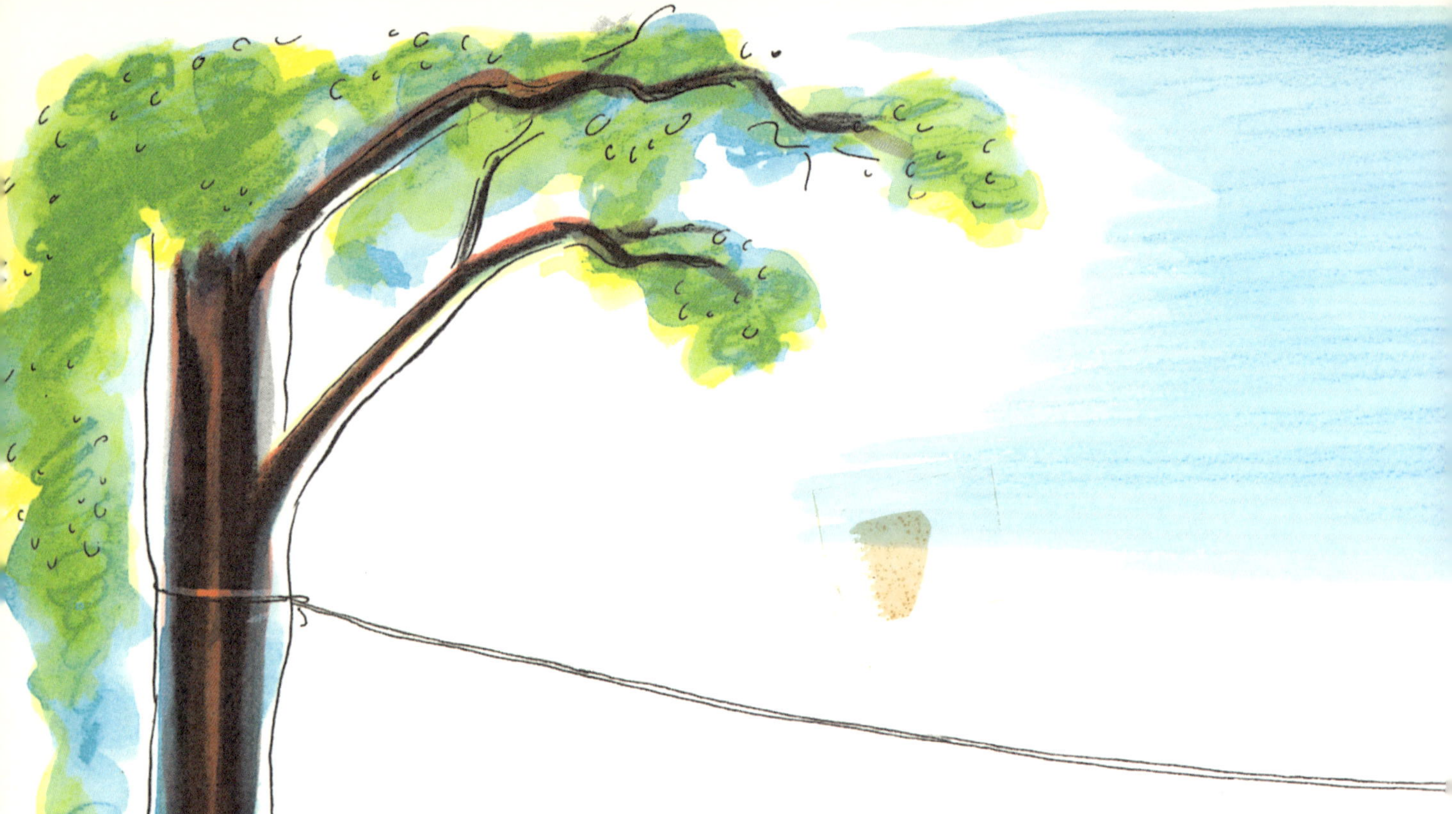

てぶくろは、そのあと　なん日も　なんしゅうかんも、
ぽつんと　ひとつ、ぶらさがっていました。
とうとう　ふゆが　おわって、はるに　なりました。
ある日、ドニーが　いいました。
「この　てぶくろ、ひとりぼっちで　さみしそうだね。
うちに　いれてあげようよ。」
「うん。」ネッドも　いいました。
「もう、さがしに　くる　ひとも　いないよね。」
ふたりは　さいごの　あかい　てぶくろを
ものほしロープから　はずして、ふゆようの　うわぎや
ぼうしと　いっしょに　しまいました。

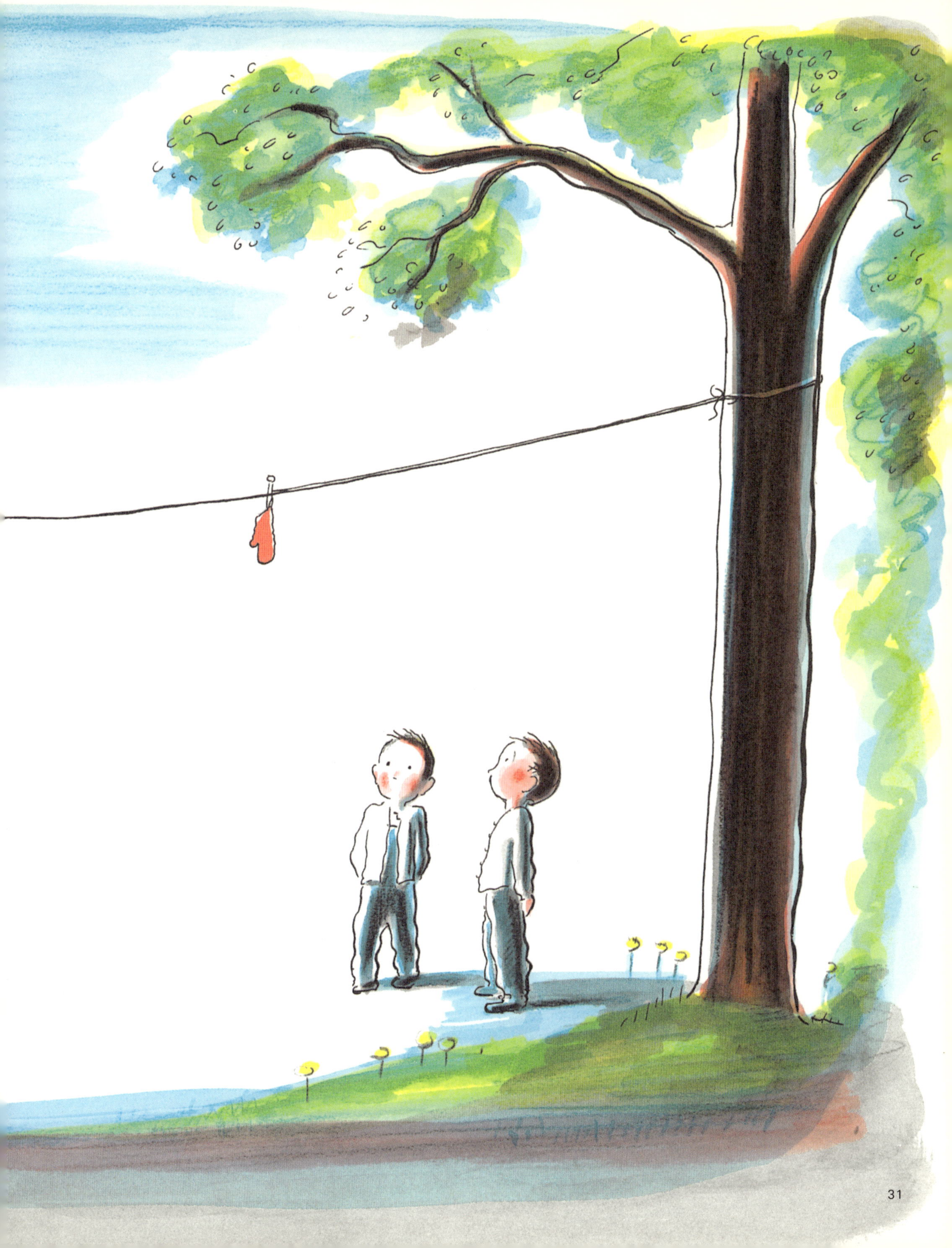

そして、つぎの　ふゆ……あかい　てぶくろを　ひろった　ひとは、
あいかわらず　ふたごの　いえに　とどけにきました。
「おたくので　なければ、〈てぶくろの　ロープ〉に　つるしておいて
くださいな。おとした　ひとが　さがしに　こられるようにね。」
と　いいながら。

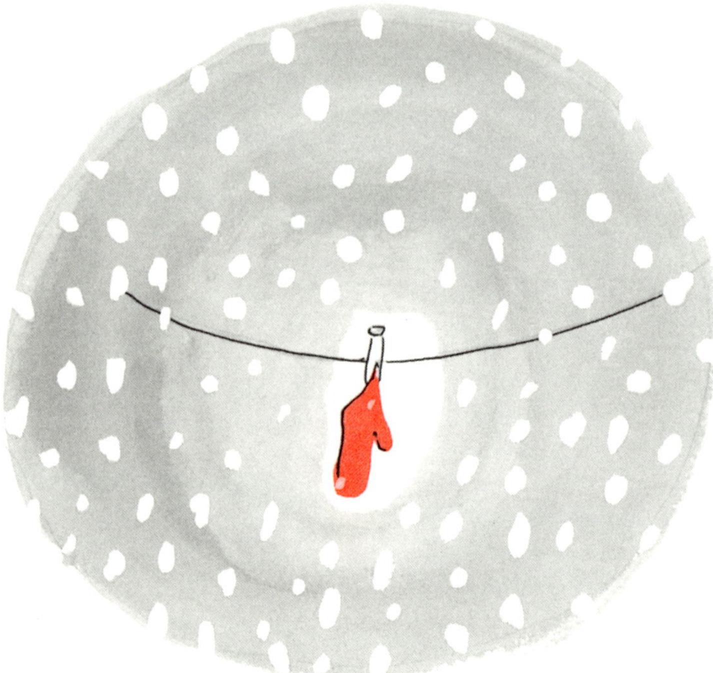

もし　あなたが　あかい　てぶくろを　なくしたら、
ネッドと　ドニーの　いえを　たずねてごらんなさい。
〈てぶくろの　ロープ〉に
ちゃーんと　ぶらさがっているかも　しれませんよ。